海老坂 武
Takeshi Ebisaka

加藤周一

——二十世紀を問う

岩波新書
1421

はじめに――加藤周一を読むこと

加藤周一は何をしたか。彼は言葉を書き続け、言葉を語り続けた。そして多くの言葉を残した。その集成が『加藤周一著作集』二十四巻、『自選集』十巻、その他多くの講演集、インタヴュー集である。

多くの言葉を残したというだけではない。扱ったテーマの幅の広さがある。おそらく、二十世紀日本の言葉の歴史の中で加藤周一ほど多岐な分野にわたって文章を書き、発言してきた物書きはいないのではないか。小林秀雄にしても吉本隆明にしても鶴見俊輔にしても、この点では加藤に一歩譲る。

ではこれらの言葉によって、加藤周一は結局のところ何をなしたか。何をなし得たか。何をなし得なかったか。この本で意図したのは、こうした〈言葉人間〉の歩みの全体を辿ることである。

第一に、彼は日本文化の全体の形を鮮明に描き出した。雑種文化論に始まる〈日本的なもの〉の探求は、加藤が後半の人生でもっとも多くの時間とエネルギーを費やした仕事であり、文学と美術の作品検討をとおして彼が引き出してきた日本文化の特徴は、それをどう説明するかは別として、否定しがたいものとして私たちの目の前に挙げられている。その全体像は私たちの先祖だけでなく、今日の日本人を映し出す鏡ともなっている。私たちはそこに自分自身の像の幾分かを見いだすに違いない。日本文化とは何かを知ることは自分を知ることに通じるはずだ。

第二に、一九一九年に生まれた加藤周一は、動乱の世紀だった二十世紀を、日本においてだけでなく世界の各地で深く体験し、この二十世紀について深く考え、その体験と思考とをさまざまな表現(小説、自伝、文明評論)に託した。今私たちは二十一世紀の幕開けにいる。決してバラ色とは言えない未来に向かっている。二十世紀とは何だったかを繰り返し問うていた加藤周一、彼の言葉は私たちにとって今世紀を歩んでいくための力強い杖とはならないだろうか。

第三に、彼は同時代の世界情勢(とりわけ西欧と中国)に眼を配り、その動きの中での日本の政治的、文明史的な位置を見定めようとした。この持続的な観測の中で、日本人にとって今何が問題であるかを提起し続けた。

第四に、彼は〈戦争文化〉(集団主義、大勢順応主義)に敏感に反応し、これを監視することを怠らなかった。権力の言葉の分析、批判を怠らなかった。そのために繰り返し自己の体験を語り、〈知〉の装置を総動員した。言葉はこうした〈いくさ〉の場、彼が選んだ唯一の戦いの場だった。

もちろん彼が言葉によってなし得なかったことはいくつもある。というか、彼の選んだ言葉の〈いくさ〉は敗北の連続だった。核兵器の廃絶についても、非核三原則についても、グローバリズムについても、改憲論議についても、歴史の歪曲についても、現実は加藤の目指したのとは逆の方向に動いている。何かを変えようとして彼が発した言葉のほとんどは壁に跳ね返されて無力であったし、いまだ無力であり続ける。多くの言葉がそうであるように。しかし、それが何であろう。彼は考え得るかぎりのことを考え、書き得るかぎりのことを書き、おのが志を明確に伝えたのである。

第五に、彼はそのリズムある文体と正確な語彙の選択によって、漢語を含む日本語の美しさを再認識させた。またその明晰な文の運びによって、日本語がそれ自体決して非論理的な言語でないことを証明した。

そしてもう一つ付け加えたい。彼は言葉への愛を伝えた。そうではないだろうか。彼は庞大な書物を読み、庞大な書物を書き、庞大な言葉を語った。しかも幾つもの外国語を学び、その外国語を使い、読み、書き、語ることを愛した。そして人が言葉を愛するとき、言葉によって何をなし得るかを示してくれた。八〇年代から九〇年代にかけて私は私的なパーティー(朝吹登水子さん宅、鍋山元子さん宅)で加藤さんと何回か同席する機会を得たが、日本語であれフランス語であれ、加藤さんは常によくしゃべり、上機嫌だった。言葉を相手にする至福感に包まれていた。書斎において読み、書くときの加藤周一がそうでないと想像する理由はない。

加藤周一は書き続けた。高校時代の日記に始まり、以後ほぼ六十年間、彼は書く手をやすめなかった。サルトルは自伝の『言葉』の最後の箇所で、「一行たりとも、書かざる日なし」というローマ人の句を引いているが、加藤周一も同じように言い得たかもしれない。

この本が、加藤周一を新しく読み始めることへの、あるいはもう一度読むことへの、多少の誘いとなれば幸いである。

目　次

第一章　〈観察者〉の誕生

1　〈お坊ちゃん〉の孤独

出発点、『羊の歌』

まずは『羊の歌』から始めよう。とにかく面白い。加藤周一をまったく知らない若い人から、何を読んだらいいですか、と聞かれるたびに、私は『羊の歌』から読んでごらん、といつも答えている。これが面白く感じられなかったら加藤ワールドに近づくのはやめなさい、とも。

そして傑作である。加藤周一の代表作を一つあげろと言われたら、私は躊躇なく『羊の歌』をあげるだろう。ひいき目があるにしても、この自伝は昭和の文学史の中に特記すべき作品だと考えている。

ただ、何が面白いか、いかなる点で傑作かの説明は後にゆずる。この作品には加藤周一という作家を解き明かす幾つもの手がかりが与えられている。この手がかりを拾いあげていくこと、これが出発点だ。

「加藤周一という作家」と書いたが、実はこの人は「作家」という言葉の中には収まりきらない。『文学とは何か』の文学批評家であり、『運命』の小説家であり、「雑種文化論」の文明批評家であり、『日本　その心とかたち』の美術史家であり、『日本文化における時間と空間』の思想史家であり、『夕陽妄語《せきようもうご》』の時評家であり、「九条の会」の政治的行為者であり、エトセトラ。いわば多面体の存在である。

こういう多面体をつくりあげたのは何なのか。時代と環境であることは明らかだが、それを細かく見るとどうなるか。与えられた条件の中から加藤周一はどのようにして自分をつくりあげていったのか。こういう問いを発しながら、しばらくこの自伝を辿り直してみよう。この自伝は自分の過去を単純になぞっているのではなく、そっと自分の形成を語っているのだから。自分の現在を説明しているのだから。

自伝はどの場合にも、書く〈私〉による修正が加わっているのが常である。ナルシシズムと警戒心とが付きものだ。この自伝にもそれがないとは言えない。しかしとりあえずこの自伝に沿って、少年の形成を描き直してみよう。まずは家族だ。

祖父の肖像

話は母方の祖父の肖像から始まる。この見事な出だしの文をじっくり読んでみよう。

「前世紀の末に、佐賀の資産家のひとり息子が、明治政府の陸軍の騎兵将校になった。日清戦争に従軍するまえに、家産を投じて、馬二頭と馬丁を貯え、また名妓万龍をあげて新橋に豪遊し、イタリアに遊学しては、ミラノのスカル座にカルーソーがヴェルディやプッチーニを唱うのを聞いた。それが私の祖父である」

この数行からもうかがえるとおり、この祖父はハイカラな明治人であり、遊び人だった。彼の「遊学」先がなぜイギリスでもなくフランスでもなくイタリアだったのかは明らかでないが、ここには個人的な秘密が隠されているのかもしれない。

ところで、家族存在としての自分を語るのに祖父母から始めるのはある意味で常道である。だいたいの子供は祖父母の記憶を残しているからだ。けれどもこの祖父が、母方の祖父であるということは、どうでもよいことではないかもしれぬ。この祖父の次女が埼玉県の大地主の次男で医者をしていた青年と結婚し、できた「孫」の一人が周一ということになる。

父方の祖父母も存在しているが影が薄い。熊谷にある父の生家を周一少年は何回か訪れているし、東京から出かけていくこの小旅行を楽しみに待ち望んでもいるのだが、祖父について記されているのはごくわずかなこと、家で飼っている鶏の首を切って血をしぼり出すという、子供の目から見て残酷な光景だけである。

これにたいして母方の祖父の肖像はその後も念入りに仕上げられていく。まず渋谷の宮益《みやます》坂にあったという祖父の家の描写、「御影石の柱と左右にひらく鉄の扉を備えた門」がある。「門から両側に植込みのある砂利道がしばらく真直につづいていて、その奥に玄関がある」(傍点引用者)。要するにこれは広壮なお屋敷であり、祖父はその主なのだ。

そしてこのお屋敷にはいくつかの「洋間」があり、「英国のヴィクトリア朝様式」をまねたつくりで、高い天井、狭い窓、室内には「重い革の肘掛椅子」が置いてある。しかしこの「洋間」には西洋から持ち帰った土産物が飾られているだけで普段使われている気配はない。祖父母は「書生と三人の女中」と共に「洋間」につづく「沢山の和室のいくつか」に暮らしている。

こうした和洋折衷の大邸宅、また四人もの使用人を置く生活形態は、大正期の都会の資産家としては珍しいものではなかっただろう。これにたいして小さな孫の目が見た祖父の「放蕩」はどうだったか。「放蕩」そのものはこの時代の金持ちの男にはよくあることだったろう。ただこの祖父は、若い頃にはこの時代日本一の美人と称された芸妓「万龍」をあげて遊んでいたにしても、洋行後は宗旨替えをしたのか、遊ぶ相手はフランス語を話す「西洋人」だったり、自分の経営するイタリア料理店の女主人だったりになっている。少なくとも周一少年の記憶に焼きついたのはこうしたいわば素人の女たちとのやり取りであった。これは「放蕩」の中に入るのか入らないのか。

「西洋」との出会い

さてこのイタリア料理店で周一少年は西洋料理の味を知る。それだけでなく「食卓の作法」を教えられる。また祖父がくちずさむイタリア歌劇の唄を聞く。この箇所は、ハイカラな祖父、遊び人の祖父を描いているのだが、すぐ次のような考察へと引き継がれていく。周一少年における「西洋」の発見が語られている重要な箇所である。

「イタリアの節は、私が家庭で聞いた琴や尺八の旋律からも、また小学校の唱歌からさえも、遠く隔っていた。そこには感覚の別の秩序があった。その秩序を私があらためて、その頃と同じ程度に鋭く感じたのは、二〇年の後、地中海の紫の潮と大理石の町をはじめて自分の眼で見てから後のことである。〔……〕私ははじめて見た欧州に、ながい間忘れていた子供の頃の世界を見出していた。西欧の第一印象は、私にとって遂に行きついたところではなく、長い休暇の後に戻ってきたところであった」

いま傍点を振った「感覚の別の秩序」、これは周一少年の言葉ではなく、周一少年が感じていたであろうことに作家加藤周一が与えた言葉だ。この箇所には若干の誇張があるかもしれない。要は、幼い頃から祖父をとおして、祖父の住居や遊びをとおして、〈西洋〉が周一少年の中に入り込んでいたということである。

そしてこの点が、加藤周一と、彼の年長の友人であり、前の年にフランスに発った哲学者の森有正《ありまさ》とを近づけている。船でマルセイユに着いたとき、すぐにノートル・ダム・ド・ラ・ガルドの聖堂を訪れた森有正の耳に聞こえてきたのは「もう二十年も前から九段にあるフランス人の学校の聖堂で知っているグレゴリアン」(『バビロンの流れのほとりにて』)だった。そのときの感動はそのまま少年期の記憶へとさかのぼっていくが、その心の流れは、まさに「長い休暇の後に戻ってきたところであった」というのと等質のものである。後年、二人の道は分かれていき、それは〈西洋〉にたいする近代日本の知性のドラマとして興味深いが、それはまた別のことである。

「理」の人だった父

祖父についで周一少年の形成に大きな影響を与えたのは父親であろうか。東京帝国大学医学部の医局長の地位を投げ出して開業医となったものの、商売気がない。「医者は薬屋ではない」とか「医者は太鼓もちではない」という言葉からは、気位が高いというだけでなく、無愛想な頑固者の感じがする。

埼玉県の地主の次男であるこの加藤医師がどのようにして佐賀県出身の旧軍人であった実業家の娘と知り合い、結婚にまで進んだのか。『羊の歌』は何も語っていない。しかし推論のためのわずかな糸はある。母方の祖父は、やはり東京帝国大学の医学部を卒業していた長男、つまりは周一少年の母の兄を若くして失っている。ひょっとしたらこの長男は加藤医師の友人だったかもしれない。後年加藤周一が大学の医学部を選んだのも、単に父親の後をつぐというだけではなく、母あるいは母方の祖父からの期待に応えるという面があったのではないか。

　この父親、そしておそらく母親もまた、きわめて民主主義的かつ合理主義的な考えの持主だった。夫婦は周一少年と一つ違いの妹の、二人の子供を平等に扱っていた。男が、それも長男が法的にも慣習的にもぜったい優位におかれていた戦前の日本の家庭において、これは稀なことである。しつけには厳しく、子供たちに食事を与えなかったり押し入れに閉じ込めたりしたことはあったが、そのときは必ず子供に納得のいくまでその理由を説明したという。これまた戦前のみならず、今日の日本の家庭においてさえよくあることではない。

　さらに、「そんなことをするとお巡りさんが来ます」とか「地獄でえんま大王にいじめられるよ」といった非合理的な言説がこの家庭からはいっさい排除されている。非合理は敵であり、外部から非合理が侵入してくるときは（たとえば子供のけんかへの大人の介入）、猛然と反発する。しかし合理にたいしては反発することができない。一般的に子供の反抗の最初のエネルギーは何よりも親の〈理不尽〉から糧を得ているのだから。さしあたって周一少年は反抗期から遠いところにいる。

やや意外なのは、小学校に行くまでの周一少年がよく熱を出して、高熱のたびに「悪夢」に悩まされた、という回想である。また、この頃の「悪夢」の内容を、四十年以上過ぎたあとでも大人の周一がよく覚えていることである。

それは、一見幸福で穏やかなこの家庭の中に、「暗い、不透明な、激しく、不合理な現実の深淵」が存在していたということを暗示しているのか。それとも、「悪夢」からさめたときに聞こえてくる母の「優しい声」の方に力点がおかれた記述なのか。『羊の歌』の中で母親の肖像はそれほど鮮明に描かれてはいないが、父親が「理」の人であるのにたいし、母親は「優しさ」の人であった、という対比は可能かもしれない。「優しい声」という言葉が二回出てくる。

その父親との「理」の絆は、周一少年が小学校に進むとさらに強く結ばれていく。すでに本を読み始めていた少年の疑問に父親は大人の言葉で答えている。その父親の口ぶり(「幽霊や化物は錯覚にすぎない、祖父の稲荷信仰は憐むべき迷信にすぎない」)は、後年の文章における加藤周一の語り口に通じている。

しかし、次の一行はどう読んだらよいのだろう。父親のこうした熱心な説明、合理主義的解釈について『羊の歌』の著者はこうコメントしている。すべての成人には幻滅があるが、仕事で幻滅をごまかしている。「私の父には、忙しい仕事がなかった。彼は幻滅をごまかす代りに、理論化しようとしていた」。父親へのこうした距離は、どの時期から生じたものだろうか。

〈お坊ちゃん〉として

祖父に可愛がられ、両親の愛情に恵まれ、一人きりの妹とも仲がよく、周一少年は幸福だったのだろうか。おそらくは。〈外部〉と孤独を発見するまでは。

〈外部〉とはまず視線である。お屋敷を一歩出ると、まわりには「長屋の人びと」とその子供たちが住んでいる。田舎の父の生家を訪れると、汚らしい村の子供たちがいる。こうした子供たちに眺められて、周一少年は自分が「良家の子弟」であり、「東京の人」であることを意識させられる。

このとき少年は彼らを眺め返さなかった。気の弱さがあったのかもしれない。〈お坊ちゃん〉であることへの漠としたやましさがあったのかもしれない。彼は子供たちを見ないようにする。もちろん近づいたりはしない。

小学校に通うようになっても、彼には遊ぶ友だちができなかった。いなかったわけではない、と著者は書いているが、友だちらしい友だちとして語られているのはただ一人の女の子のみである。女の子相手ではメンコもベイゴマもできず、取っ組み合いの相撲もするわけにいかないではないか。平等主義を信ずる父親の信念によって、「良家の子弟」が私立の〈お坊ちゃん〉学校に行かずに公立の小学校に行ったのが間違い、ということになるだろうか。

いずれにせよ少年は、住んでいる家の構えによって、服装によって、お三時というものがある習慣によって、「きみ―ぼく」の言葉遣いによって、つまりは階級と富によって、すでに周囲の子供たちと切り離されている。しかも悪いことに少年は秀才であり生意気であり、さらに悪いことに先生のお気に入りだった。

こういう〈お坊ちゃん〉が、がさつで乱暴でしつけの悪い大多数の一般の子供たち、だいたいは群れて遊んでいる子供たちに溶け込むには別の能力が必要とされる。足が速いとか相撲が強いとか手先が器用であるとか、教室以外の場で尊敬を勝ち取らねばならない。しかし少年はこういったことはどれも苦手だった。しかもまるきり愛想がないときている。〈道化〉を演ずることによって仲間に受け入れられる秀才もいるが、少年にはこうした芝居気はゼロである。そうなれば子供の世界で孤立せざるを得ない。現代だったら間違いなくいじめの対象になっただろう。これまた父親の意志によって小学校の五年を終えたところで中学受験をするという〈飛び級〉の道を選んだとき、少年の孤立はほぼ完璧になったと想像される。

孤独の中学時代

驚くべきことは、〈飛び級〉受験に成功して中学に入ってからも少年に友だちができなかったということである。これはどういうことだろう。彼が入学したのは当時東京で――ということは日本でということになるかもしれぬが――高師《こうし》附属（東京高等師範学校附属。現筑波大学附属）とともに秀才が一番多く集まる中学、したがって入学試験のもっとも難しいとされていた東京府立一中（現日比谷高校）である。当然、生徒の大半は「良家の子弟」であったはずだ。階級や富によって、あるいは知力によって、少年が同級生から隔てられることはもうなかったはずだ。

にもかかわらず、なんと五年のあいだ、彼には友だちができなかった。『羊の歌』の中で中学時代は「空白五年」とされている。「同級生相互の間にも、また教師との関係にも、人格的な交渉の入りこむ余地のほとんど全くない世界に生きていた」と。

これはどういうことなのだろう。運動部系の「硬派」にも加われず、宝塚に夢中になって女のことばかり話す「軟派」にも加われず、そうかといって「一高・東大」を目指す受験組には違和感を感じている。それはそうであるにしても府立一中は、夏目漱石や谷崎潤一郎をはじめとして辰野隆《ゆたか》、竹内好《よしみ》その他数々の文学者を生み出してきた学校、気風としてもリベラルで知られた学校ではないのか。この当時も、詩を書いたり小説を書いたり、そこまではいかぬにしても沢山の本を読んでいる生徒がいなかったとは考え難い。

問題はむしろ周一少年の側にあったのではないか。少年は頭の悪い生徒を「幼稚でつき合いかねる」と軽蔑していた。だとするなら、彼の方こそ〈飛び級〉で入学してきた鼻もちならぬ秀オとして毛嫌いされていたのではないか。

いずれにせよ周一少年はここでも孤独だった。「相手に見られながら相手を見るという相互的な関係」の欠如を、加藤周一は田舎との関係として語っている。しかしこれは単に田舎との関係を語っているだけの言葉ではないだろう。家の外における少年の対人関係すべてにあてはまる言葉ではなかったか。

けれども少年がこの相互性の欠如、孤立に苦しんだ気配はあまり見られない。家族の愛情によってしっかりと護られ、そのことに確信を持ち、しかも自尊心の強い少年はこんな孤立は屁ともしなかったのかもしれない。だがそれだけではなく、少年は孤立という状態を「観察」という姿勢へと乗り越えていったとも考えられる。

実を言えばこの場合、孤立が観察的姿勢を生み出したのか、それとも観察的姿勢をとったことが孤立の原因となったのかは、それほど判然とはしていない。たしかなことはある時期に、少年が外の馬鹿騒ぎ、熱狂、群れ(「宴会」)にたいして「観察者」となること、「他処者」になることを選んだということである。また一九六八年に刊行されたこの自伝の中で、かつての自分の孤立をそのように意味づけたということである。

『羊の歌』には少年期における目ざめのいくつかが描かれている。性の目ざめについてはまったく触れられていないが、恋の目ざめについては少しだけ触れられている。また「活動写真」と言葉への目ざめについても若干触れられている。

この中で重要なのは、やはり書物への目ざめであろう。少年はどのようにして本の世界へと導き入れられたのか。

それは病身だったから、と加藤周一は一応の説明をしている。もし病身ではなかったら活字に親しみを覚えることもなく、後に本を書くことを思い立たなかったかもしれない、とも。けれども、病身の子供がすべて活字に親しみを持ち、本を書くようになるわけではない。

興味深いのは病床で読んだとされる二人の著者である。四十年後にもその名をしかと覚えている。一人は原田三夫《みつお》、雑誌「子供の科学」などにかかわった自然科学者である。彼の書いたものをとおして周一少年は「世界を解釈することのよろこびを知った」という。もう一人は音楽学の兼常清佐《かねつねきよすけ》。本の内容はすっかり忘れているが、覚えているのは「その独特の語り口」であるという。

「解釈」と「語り口」

「世界を解釈することのよろこび」、これは原田三夫の読書によって初めて与えられたのかどうか、それ以前に「観察」好きの少年には現象を理解し解釈することに喜びを覚えるという傾向があったのではないかとも考えられるが、いずれにせよ、これと同じ質の喜びをわれわれは後年の著作から感じることができる。文学史にしても美術史にしても〈日本的なもの〉の探求すべては、この「解釈すること」の喜びと情熱に支えられている。

他方、兼常清佐の「語り口」は、周一少年にとっては「文学の発見」となる。兼常清佐は作家でもなく文学者でもない。厖大な著作を残している音楽学者である。その人の著作のうちに「文学」を発見したというのはいかにも加藤周一らしい。これは後の『日本文学史序説』へと通じていく姿勢である。また図らずも自分自身の文学の特質を語っている。なぜなら、後に触れることになるが、加藤周一の文学の最大の美質は、描写でもなく、想像力でもなく、その「語り口」、つまり文体にあると考えられるからである。

こうした「書物への目ざめ」から、固有の意味の「文学」まではまだ距離がある。しかし、中学時代にすでにそのきざしが見える。父親の書斎から引っぱりだしてきた注釈付きの『万葉集』、母親が持っていたキーツの詩集、そして小学校時代の女友だちから借りて知った芥川龍之介。芥川の全集十巻を買い求め、読みふけったというから、これは単なる本好きを超えている。中学四年になったとき周一少年はすでに十分に「文学少年」になっていたと考えられる。

2　本を読む青年

一高の寮生活

一九三六年、周一少年は旧制一高に合格する。これ以降は周一青年と呼ぶことにしよう。中学を終えて旧制高校に進んだとき、青年は「解放感」を覚えた。「空白」にすぎなかった中学五年間の生活をやっと終えられるという安堵の念がある。そしてそれ以上に、父親の家を出られる（当時の一高は全寮制だった）という喜びがあっただろう。前年、少年が中学四年から一高を受験して失敗し、父親から小説の読みすぎを非難されていただけになおさらだ。そもそもこの父親は「文芸」を低級なものとみなしていた。他方母親は息子を弁護していた。一枚岩だと思われた家庭内にすでに亀裂が生じていたのである。学生寮はこうした家庭からの避難の場となり得た。以後周一青年は父親の干渉なしに心おきなく小説を読みふけることになる。

ここで一つ意外なのは、青年が庭球部に入部したことだ。そうなれば寮生活も庭球部の学生と共にということになる。それまで周一少年について、病身であり運動神経が鈍いというイメージを抱かされていた読者としてはここで驚かざるをえない。もっとももこの時代、テニスは良家の子女がたしなむスポーツだ。中学時代夏に滞在した信州追分《おいわけ》で覚えたのだろうか。

十人とか十二人とかの大部屋での寮生活は青年にとって大きな経験となっただろう。他の学生たちと一緒に同じ部屋で起居を共にするとなると、一人、孤高を決めこむことはできない。とりわけ運動部となるとそうである。しかし寮生活自体にたいして不満は漏らされていない。寮生活全体が学生の自治を原則としており、寮の規律さえ守れば授業に出ようが出まいが好きなように時間を使うことができた。共同生活のわずらわしさはあったにせよ、この民主主義と個人主義は周一青年の気質に合っている。駒場での寮生活は次のような言葉で締めくくられている。

「私は駒場の生活様式の全体に、感心しながら反撥し、誇りをもちながら馬鹿らしさを感じていた。おそらくすべての共同生活のために必要であるだろうあきらめや、妥協や、ごまかしを、私が知りはじめたのは、その駒場の寮においてである」。そしてそれを「集団のなかで自己防衛するための手段」と呼び、こう続けている。「しかし集団への献身ということを決して学ばなかった」

文章の力点は、「馬鹿らしさ」「あきらめ」「妥協」「ごまかし」「自己防衛」の方にある。しかしここに力点をおいたのは、後年の加藤周一だと考えることもできる。高校生の周一はここでの生活にかなり満足していたのではないかと。

三年になったときに周一青年は庭球部をやめている。庭球部の練習の仕方、その精神主義に嫌気がさしたのだろうか、それとも他の時間がほしくなったのだろうか、その理由は明らかでない。前年すでに試合に出られるだけの力があったのだから、テニス自体にたいする失望ではなかっただろう。

新しく始めたのは「校友会雑誌」の活動で、彼はその編集者の一人となる。このあたりから執筆活動が旺盛になる。その前から彼は「向陵《こうりょう》時報」という一高の寮内新聞に藤沢正というペンネームでいくつかの映画評を書いているが、この雑誌では初めて小説を発表している。「その頃の私は小説を書こうとして無為のうちに過ごしていた」という「その頃」とは、この高等学校三年目の頃であろうが、実は二、三の小説も書いている。この雑誌をとおして彼はものを書こうとしている多くの一高生を知るようになる。彼らからの刺戟は少なくなかったであろう。

芸術の世界へ

当時の一高にはどのような教師がいたか。

何人かの教師たちの肖像が描かれているが、もっとも興味深いのは片山敏彦のそれである。ドイツ語の教師である片山は教科書にベルグソンの『形而上学序説』の独訳を用い（これもかなり変わっている）、ベルグソンの考えを説明するのに独仏の詩人や哲学者の名前を何人も引き合いに出し、彼らのことを愛情をこめて語ったという。いささかの皮肉をこめて加藤は次のように書いている。

「異国の文人墨客にそれほどこまやかな愛情を捧げた——あるいは捧げていると思うことのできた人が、中国の文人に傾倒した江戸時代の儒家の後に、果して他にあったろうか」

片山はかつてロマン・ロランに会い、彼を「神の如く」崇拝していた。ノヴァーリス、リルケ、ネルヴァル、ハックスレー、タゴールといった「星たち」との精神の交わりを糧として生きていた。周一青年は片山と親しくなり、「星たち」の世界を探検しようと猛然と本を読み始める。三日に一冊、年に百冊が目標となる。恐るべき読書家がここに誕生する。

一高時代にはまた、西洋音楽を発見し、歌舞伎を発見している。音楽では特にショパンのピアノ曲が好きだったという。原智恵子、安川加寿子《かずこ》、井口基成《もとなり》、クロイツァーといった、戦前、戦後の音楽ファンにはなつかしい名前があげられている。歌舞伎は、役者の台詞に魅了されている。それを「感覚的な衝撃」と呼び、子供の頃にレコードで耳にしたカルーソの詠唱につながるものを感じている。

「政治に近寄るべからず」

他方、築地小劇場にも通いつめ、芝居をみながら、そこに「反時代的な精神において舞台と観客との間に一種の暗黙の了解」があることを感じとっている。軍国主義の波はすでに文化の世界を席巻していたのである。

一九三六年からの一高時代の三年間、こうした外の世界について周一青年は何を考えていたか。政治社会の情勢について敏感であったとは思われない。

中学時代もそうだった。外部の出来事は新聞とラジオをとおして、またときに父親の意見をとおして耳に入ってくる。しかし少年が父親の意見に反応している気配はない。ここでも彼は観察に徹している。合理主義者でありながら天皇を崇拝し、懐疑主義者でありながら愛国主義者である父親の言説を分析し、そこに矛盾を見いだしているが、その矛盾を指摘したりはしない。一高に入学する一九三六年、入試の直前に二・二六事件が起こっているが、この事件の唯一の教訓は、「政治に近寄るべからず」というそれまでの考えを強めたことだった。

駒場での生活においてもこの姿勢は変わらない。運動部に席をおいていたということがあるかもしれないし、かつては時代の動きに敏感に反応していた学内の左翼組織が数年前の弾圧で壊滅していたということもあるかもしれない。しかし周一青年は本質的にノンポリだったと考えられる。高等学校二年のときには日中戦争が始まっている。同じ年に彼が尊敬していた矢内《や　ない》原《はら》忠雄が東京帝大教授を辞任している。しかし『羊の歌』にこの事件への言及はない。もっとも筆者はあえて若き日のノンポリの像を強調しているようでもある。

その五年前に丸山真男はやはり府立一中から一高に進んでいる。父親が新聞記者だったことから、丸山は早くから国際情勢や政治情勢に敏感だったと思われるが、どちらかと言えばやはりノンポリだった。ただ三年のときにふと立寄った唯物論研究会主催の長谷川如是閑《にょぜかん》の講演会で共産党の活動家と間違われ、捕まって留置場にぶち込まれている。これは丸山の精神形成にとって重要な体験となっている。

周一青年にこうした体験はなかった。けれども時代の雰囲気は次第に重苦しくのしかかってくる。とりわけ国家的スローガンが襲いかかってくる。「国民精神総動員」「大東亜共栄圏」「殉国精神」等々。周一青年の反発は何よりも、国家からあるいは「流行の論者」たちから次々と繰り出されてくるこうした言葉に向けられる。その批判の視座は、民主主義、リベラリズムというより、合理主義である。スローガンと現実との矛盾、あるいはスローガンそのものの非合理に「無慈悲な批判」のつぶてを投げかける。

周一青年だけではない。彼の周辺の一高生もまた同じ気分を分け持っている。『旅愁』の流行作家、横光利一を講師に招いて講演をさせたあとで、皆が横光をつるしあげている情景は、『羊の歌』の中でももっとも精彩を放つページだが、ここでも攻撃の矛先は横光の思想自体よりも、「みそぎ」や「神国」を持ち出すその非合理主義、「つじつまの合わなさ」に向けられている。

読むこと、書くこと

ところで周一青年は、先述のようにこの頃ペンネームで「向陵時報」にいくつも映画評、劇評を書いている。小説も、先述のように、じっさいには二、三の短篇を書いたようだが、「校友会雑誌」に載せられた「正月」をのぞいては『著作集』にも『自選集』にも収められていないので、それがどのようなものだったかはわからない。書くべき内容としての経験が何もなかったから書けなかった、と当人は説明している。学内雑誌に発表したものは小説とは認められない、ということか。

それはそうだろう、と私は納得する。中学、高校の周一青年からは、本を読んでいる姿しか浮かんでこない。親に対する反抗も中途半端だし、友だちとのけんかもない。女の子に付け文をしたこともない。それどころか女のことを考えることを自分に禁じていたとさえ想像される。これは小学校時代から不良であって女と付き合っていたことを誇っている鶴見俊輔とも、母親の禁を破って脱け出して映画を見、少しだけ不良だったことを気取っている丸山真男とも違っている。不良という言葉ほど十代の周一にとって遠いものはない。彼が不良になったとしたら、それは大人になってからのことである。

それにしても、なぜ彼は小説を書こうと思い立ったのか。一般的に読むことから書くことへ、の移行がいかにして果たされるかは決して明らかではない。だいたいは暗闇の中で果たされる曖昧な営みであって、当人は後になってあれこれの意味づけをするが、それとても真実であるとは限らない。周一青年の場合も同様だった。いずれにせよ大きな事件がやってきて、精神が大きく揺さぶられるということが必要だった。その大きな事件はほどなくやってくることになる。

3 〈いくさ〉の中で

開戦の夜

一高から大学を受験するとき、周一青年は東京帝国大学の医学部を受験している。一高でそもそも理科だったためだろうが、もしも本人にその気があったなら文学部を受けることもできたはずだ。

この時期の友人山崎剛太郎は、加藤は当然文学部に行くと思っていた。ところが医学部だと聞いて「なんで?」と問う。加藤の返事は「文学を勉強するのに文学部に行く必要ないよ」だった(菅野昭正編『知の巨匠 加藤周一』)。

しかし考えてみれば、これは文学部に行かぬ理由であっても医学部に行く理由ではあり得ない。前にも記したが、もしも積極的な理由がなかったとすれば、医学部進学は祖父の願望、両親の要望に沿った選択だと考えた方がわかりやすい。

戦争――加藤が好んで使った言葉を使えば〈いくさ〉――が始まったのは大学三年のときである。彼は戦争が起こるとは思っていなかった。しかし、それは彼の合理主義的思考から出てくる結論であり、非合理主義的な頭脳を結集させていた軍部首脳の結論とは違っていた。当然のことながらこの合理主義者は当日家に帰ってきて、母親に「勝ち目はないですね」と言ってのける。

その日の夜の加藤青年の行動に私は驚嘆する。そして感嘆する。その日国民学校の一年生の私が何をしていたかは覚えていないが、世間のそして家中の興奮だけはしっかり覚えている。その夜加藤青年はなんと新橋演舞場に文楽を見に行くのだ。観客は四、五人だったという。この箇所、『羊の歌』の中でもっとも好きな箇所の一つなので長くなるが引用させていただく。

「私は忽ち義太夫と三味線の世界のなかへひきこまれていった。〔……〕もはやそこには、いくさも、燈火管制も、内閣情報局も、なかった。その代りに、何ものを以てしても揺り動かし難い強固な一つの世界、女の恋の歎きを、そのあらゆる微妙な陰影を映しながら、一つの様式にまで昇華させた世界、三味線と古靱大夫の声の呼吸に一分の隙もない表現の世界が、あった。その世界は、そのときはじめて、観客の厚い層を通してではなく、裸で、じかに、劇場の外のもう一つの世界――軍国日本の観念と実際のすべてに相対し、そのあらゆる自己充足性と自己目的性において、少しもゆずらず、鮮かに堂々と、悲劇的に立っていた」

〈眺める〉青年

彼はとっぷりと情の世界に浸っている。そしてこの世界と劇外の世界、劇場外の世界とを対比している。劇場外では何が起こっていたか。「正義の戦争」に興奮した人たちが「万歳万歳」を連呼し、「天に代りて不義を討つ」を声高に歌い、「国民精神の総動員」をがなりたてていたはずである。

だが筆者がここであえて書いていないことがある。やがて自分にも召集令状が来るのではないか、自分が馬鹿げていると考える戦争で死ぬのではないか、という不安である。そう、そのやりきれない不安をかかえながら、彼は情の世界にひっそりと、数人の観客とともに浸っているのだ。なんと孤独な姿であろうか。実際彼は、真珠湾攻撃の成功で大喜びしている人々を「暗澹たる気持で眺めていた」のである。

孤独は戦争の進行とともに深まっていく。真珠湾の攻撃だけでなく、緒戦で日本軍が大勝利を収めたため、誰もが浮かれている。愛国節のうなり声はさらに高まっていたであろう。しかし、周囲が騒げば騒ぐほど覚めていくのが周一青年である。フランス語に「トゥルブル・フェットゥ（trouble-fête）」という言葉がある。「祭りを邪魔する者＝座を白けさせる奴」の意だが、まさしく周一青年は「トゥルブル・フェットゥ」だった。

何をなし得るか。何もなし得ない。〈トゥルブル・フェットゥ〉はどんな場合にも無行動を運命づけられている。周一青年のなし得ることは「観察」することだけである。進行しつつある「家族の没落」を観察し、やがてくるであろう「大日本帝国の没落」を観察する。そしてときには東京の街を歩いて観察する。彼は自嘲気味にこう書いている。

「私はそもそものはじめから、生きていたのではなく、眺めていたのだ。私自身はいくさが大日本帝国の正体を暴露したと考えていたが、いくさが暴露したのは実は私自身であったかもしれない」

「敵というのは」

それにしてもあの東京帝国大学の何百人かはいたであろうエリート知識人の中で、こうした熱狂の渦に加わらない者はいなかったのだろうか。助教授、教授クラスではいなかった、と後に加藤周一は語っている。文学部の二人（渡辺一夫と神田盾夫《たてお》）、法学部の三人（田中耕太郎、南原繁《なんばら》、横田喜三郎）、経済学部の一人をのぞいては、と（別の所では川島武宜《たけよし》をあげている）。「医学部はゼロだった」とも。医学部の学生だった周一青年はここでも孤立していたのである。

文学部の二人のうちの一人、神田盾夫のラテン語の授業に周一青年は出席している。そしてある日の授業について忘れがたい一幕を書き残している。神田は英国帰りで、ラテン語の発音もイギリス風にしていたらしい。しかもあの戦争の時代、皆が国民服というカーキ色の服を着ていた時代に、常に背広にネクタイの姿で授業にのぞんでいる。彼なりの抵抗だったのであろう。

一九四四年六月ヨーロッパで、英米の連合軍が反撃に出てフランスのノルマンディーの海岸への上陸に成功する。このニュースを知った日に、神田はいつものようにヴェルギリウスの詩を読む。そして授業の終わりに「これで敵も味方も大変だ」と一言言った。学生は三人いたそうだが、神田は教室を出るとき彼らの方を振り向いて、「敵というのは、もちろん、ドイツのことですよ」と付け加えた。

時代は三国同盟の時代であり、日本はドイツと組んでアメリカと戦争をしている最中だ。さすがの周一青年も唖然としたらしい。こんな発言は外でしたら大変なことになり、たちまちぶち込まれたであろう。この戦争の時代にラテン語でヴェルギリウスを読む自分の授業に出てくる三人の学生に、神田教授はふと心を許したのかもしれない。加藤周一はこのエピソードを少なくとも三回——一つはフィクション『ある晴れた日に』の中で——本に書いている。神田のその言葉のうちに、孤立した者同士の連帯を感じとっていたのかもしれない。

フランス文学への傾倒

一高の三年目、そして大学に入った頃から、周一青年は急速にフランス文学の世界に近づいていく。そこには幾つかの要因が考えられる。

第一に家庭環境がある。母親はフランス系のカトリックの雙葉《ふたば》高等女学校を卒業し、カトリックの洗礼を受けていた。妹も母親と同じ学校に入っている。周一少年も、中途退園しているが、一時期は雙葉の附属幼稚園に通っていた。つまり小さい頃からカトリックの環境の中で育っている。早い時期からカトリック色の強い作家、モーリアック、ジュリアン・グリーン、ポール・クローデルなど、普通の学生には近づきにくい作家の作品に親しんでいるのはこのことと無関係ではないだろう。

第二に、中村真一郎と福永武彦の二人を友人に持ったこと。ともにフランス文学科の学生だった。彼らは原田義人、山崎剛太郎などと共に、戦争下に「マチネ・ポエティク」という詩のグループを立ち上げた。中村も福永もボードレールに深い関心を持っていた。当然、ランボー、ヴェルレーヌ、マラルメ、ヴァレリーという象徴派の詩人たちも読んでいたであろう。

この三人は日本語の詩に、フランスの詩にあるような音韻を導入しようとして詩作をしている。周一少年がつくった「さくら横ちょう」という詩は、後に中田《なかだ》喜直《よしなお》と別宮《べっく》貞雄が曲をそれぞれ付けて今日でもよく歌われている。

第三に、先にもふれた片山敏彦の影響。片山は本業はドイツ文学者だがロマン・ロランの翻訳者としてよく知られている。ロマン・ロランにも実際に会いに行っている。周一青年の、やや意外に思われるロマン・ロランへの関心は片山経由であろう。

第四に、フランス文学科の研究室に頻繁に出入りしたこと。他の学部にくらべて必修科目の多い医学部の学生でありながらフランス文学科のいくつかの授業に毎回出席していること自体並たいていのことではない。それだけでなく彼は研究室に出入りし(招かれたのか押しかけたのか?)、辰野隆、鈴木信太郎、渡辺一夫らが研究室でかわすダベリの場につらなっている。また、助手、副手の森有正、三宅徳嘉《のりよし》の二人とは友達づきあいをするようになっている。そして研究室の書庫からは、この当時、フランスの二大月刊雑誌であった「エヌ・エル・エフ(NRF)」と「ユーロップ」を借り出して、片っ端から読んでいる。つまり、フランス文学の古典の翻訳だけでなく、一九三〇年代末から四〇年代初頭の現代文学の最前線の作品を原文で読んでいるのだ。

孤独を支えたもの

ただこうしたいくつかの要因も、もしも戦時中でなかったならば、周一青年をあれほどまでにフランス文学の世界に深入りさせることはなかったかもしれない。彼は医学部の学生としても孤立していた。医学部には戦争に否定的なたった一人の教師もいなかった。その中で、内面的に自分を支える何かを、自分を支える誰かを求めるということはあったかもしれない。

自分を支える何かを求める。フランス文学の中でもとりわけ象徴派の詩に周一青年が夢中になった理由の一端はここにあるのではないかと私は考えている。というのも象徴派の詩人は何よりも自分の内面を見つめている。そして自分の内部に一つの言葉の宇宙を作ろうとしている。この宇宙を厳密に、知的に構成することによって、外部の世界に対峙し、対抗しようとしている。この精神の姿勢こそ戦時下の孤立した青年には必要だったのではないか。

他方、自分を支える誰かを求める、ということもあっただろう。その誰か、それが渡辺一夫であった。フランス・ユマニスムの研究者である渡辺一夫について彼はこう書いている。

「その抜くべからざる精神が、私たちの側にあって、絶えず「狂気」を「狂気」とよび、「時代錯誤」を「時代錯誤」とよびつづけるということがなかったら、果して私が、ながいいくさの間を通して、とにかく正気を保ちつづけることができたかどうか、大いに疑わしい」

後年、大江健三郎もまた渡辺一夫について似たような文章を書いている。大江はまた加藤周一についても敬愛のこもった文章を書いている。渡辺一夫、加藤周一、大江健三郎、これは戦後日本の一つの精神の系譜となる。

戦争に〈行かなかった〉体験

周一青年は医学生として、ついで卒業後医局員として、戦争の四年をすごした。三年半は東京で、最後の数ヶ月は病院の疎開先である信州の上田で。

周一青年が召集されなかったのはなぜだろうか。当人もなぜかは知りようがなかっただろうが、『羊の歌』にその答えはない。ただその理由を推測することはできる。一つは彼が医学部の学生であったこと。国家として、一定数の医者の卵は銃後にのこしておかねばならない。もう一つは、大学に入った年に湿性肋膜炎をわずらい、健康に問題があったこと。徴兵検査は最低のランク丙種合格だったのではないか。

いずれにせよ周一青年は召集されなかった。これを当人はどのように受けとめたか。周囲の学生は次々と召集されていく。戦死したものも少なくないはずだ。根っからの反戦主義者だった、のちのフランス文学者白井健三郎は、召集されないために、徴兵検査の前の日に醤油をがぶ飲みして、死ぬ思いで丙種合格を獲得している。もしも健康で召集されていたら、周一青年はどうしていただろうか。

加藤周一における戦争体験とは何かを考えるとき、戦争に行かなかったということの事実が大きな意味を持っている、と私は考える。おそらく当初はほっとしたにちがいない。頭の悪い軍国主義者どもがおっ始めたこの愚劣な戦争、負けるに決まっている戦争に出かけて死ぬことほど、この合理主義者にとって耐えがたいことはなかっただろう。医学部を選び、肋膜炎をわずらったことに幸運を感じていたかもしれない。

死者への思い

しかしこういう喜び、それを喜びと言うなら苦い喜びを感じたとしても長くは続かなかっただろう。『羊の歌』のなかに、この冷静な作者、作中の自分にたえず距離を取ろうとしている作者が珍しく感情をあらわにしている箇所がある。戦争のために死んだ友人を悼む数ページである。「太平洋戦争のすべてを許しても、中西の死を私が許すことはないだろうと思う」と。

私が注目するのはそれに続く次の数行である。「しかしその後時が経つにつれて、私にはもう一つの考えも、しきりにつきまとう様になった。それは、私が生きのこり、中西が死んだということに、何らの正当な理由もありえないという考えである」

友人中西は戦争に行った。そして病を得て死んだ。周一青年は戦争に行かなかった。そして生き残った。それは事実だが偶然であり、青年が有罪感を覚える理由はない。しかしここにはある種の負い目の意識が語られてはいないだろうか。

一九九六年のある日、私は人文書院の編集者とともに加藤さんにお目にかかる機会があった。

仕事を離れて雑談に移ったとき、私はこんな質問を加藤さんにぶつけた。

「あの大東亜戦争の戦死者たちは皆犬死と言っていいのでは」。こういう質問をしたのは、私は若い頃からあの戦争を全面否定するためには、戦争の死者に意味をもとめてはならない、三百万を超える死者のすべては犬死だったと認識したときに初めて、これだけ大量の人間を死に追いやった責任者の罪が問われ得る、と考えていたからだ。それは『きけわだつみのこえ』を読みかえすたびに感じていたことでもある。そして加藤さんの考えからすれば、当然、同意の言葉が聞けると思ったのである。

加藤さんは少し考えて、ゆっくりとこう言った。「犬死という言い方はできないな」

そのとき加藤さんが友人の死のことを念頭においてこう答えたのかどうかはわからない。しかし私はそのように受けとめ、自分の不用意な質問を恥じていた。そして犬死という言葉を使おうとしない加藤さんの心の襞を感じていた(ちなみに今回発見したのだが、戦争直後に書かれた『ある晴れた日に』の中ではこの語が使われている)。

二つの体験

『羊の歌』の最後に、もう一つ重要な戦争の出来事が語られている。一九四五年三月十日の東京大空襲である。加藤医師は当然のことながら、次々に担ぎ込まれてくる患者の処置に追われている。皆寝食を忘れて働いている。そしてこう書いている。「そのときほど我を忘れて働く人々の仲間であったことはない」

テニスを別にすれば、観察者にとっての最初の仲間体験ではないだろうか。このとき初めて青年は戦争に参加したと言えるのではないだろうか。その意味で、これは彼にとって、第二の重要な戦争体験ではなかったかと私は考えている。

もう一つ、これは戦争体験とは言えぬかもしれぬが、『羊の歌』の終わり近くに一人の女性がちらりと姿を現す。それは看護婦であり、当直の夜に、田舎から持ってきた白米や卵を使って青年のために夜食を作ってくれた。食糧難の時代に、これは大変な好意と言うべきであろう。それまで女性をまったく知らず、どう対応してよいかもしらなかった青年はこのとき「ひとりの看護婦のなかに、女友だちを見出した」。

彼女の生家のある千葉の内房の村に一緒に出かけていって、その日「一種の幸福感」でみたされたというから、これはたしかによい一日だったのだろう。その女友だちとの関係についてはそれ以上書かれていないが、その寡黙をどう解するかは読者に委ねられている。あるいは次章でみる、小説『ある晴れた日に』に登場する看護婦との関係が人生の真実なのかもしれない。

第二章　戦後の出発

１　怒りの抒情詩――『１９４６・文学的考察』より

ほとばしる怒り

八月十五日、天皇の放送を聞いたあとの加藤青年の思いを、『羊の歌』の著者は次のように書いている。「私は歌いだしたかった」

じっさい戦後すぐ彼は歌いだした。何を歌ったか。まずは怒りである。憤怒である。加藤周一、中村真一郎、福永武彦三人の共著『１９４６・文学的考察』の中に収められた加藤の九篇の文章のいずれにも、若く、たけだけしい苛烈な言葉がみなぎっている。三つだけここに書き写してみる。

「日本には、独特の論理も、宗教も、法律も、経済も、なかったし、今でもないと云う明白な事実は、普く普及させて、信州の山の中にまで、徹底させなければならない。シナ乃至ヨーロッパの文化圏の中に包含される地方的文化が、日本の文化であって、陸軍が世界一流であると云う宣伝が誤りであった如く、『万葉』や『源氏』が世界一流の文藝作品であると云う迷信も、誤りである」（「我々も亦、我々のマンドリンを持っている」）

「知識階級の矜持は、既にない。あれば、誰が憎悪と反感とに気が狂わないで、あの馬鹿げた、チンドン屋のように金具の光った、文化と理性との敵、軍国主義の制服を身に纏って、にっこり笑った写真など撮れたであろうか」（「知識人の任務」）

「破壊さるべきものは何も東京の建物ばかりではない。その中にあった生活、その中に育てられた思想、その中に営まれた――要するに一切である。悲惨な喜劇を産んだ、未だ醒めきらぬ悪夢を用意した、その一切を否定しないで我々は一体何をはじめることが出来ようか」（「焼跡の美学」）

何という過激さ、何という否定の情熱。これらの苛烈な言葉にぶつかったのは一九七〇年代のはじめ、私はすでに四十歳近くになっていた。そのときの衝撃を忘れることができない。あの温厚そうに見える加藤周一のうちにこれほどの激情が、これほどの暴力が宿っていた、ということに。と同時に、このような否定の情念のほとばしりが時代の青春となり得たことに限りない羨望の念を覚えていた。一九七〇年の万博（大阪万国博覧会）を境目に、ナショナリズム言説が幅を利かせ始めた一九七〇年代初頭には、こうした言葉を許容する言説空間はあり得ないように思えたからだ。

怒りの矛先

ではその怒りは正確には何にたいして向けられていたのか。まずは軍国主義、専制政治、封建制、天皇制にたいしてだ。またそれらを直接担っていた連中、「軍国の支配階級の犬共」(「新しき星菫派に就いて」)にたいしてだ。彼らは「愚劣」で「低能」で人殺しの共犯以外の何者でもない。しかしそれだけではなく、弾劾はこうした制度と人間とを生み出した精神のあり方、またそこにつながりそれらを象徴しているもの、それらに利用されたもののすべてに向けられている。

すなわち、竹槍に、不合理に、狂信に、無学に、無知に、神秘主義に、万葉の精神に、もののあわれと幽玄と武士道と切腹に、富士山と桜の花と三味線と芸妓に、〈みそぎ〉に、京都哲学に、同胞詩売業者に、御用議会に、御用議会と共に総動員法に喝采した東京市民に、国文学者に。要するに、滅ぼすべきもの、破壊すべきものは、あの戦争を支えたもの、支えた人間、支えた文化のすべてにわたっている。

注意すべきは、これらのほとんどが〈日本的〉とされたものに結びついていることだ。文化の産物、制度だけではない。次の一文をご覧いただきたい。

「日本の精神は不合理な何ものかであり、文明は非人間的な何ものかである」(「焼跡の美学」)不合理性、非人間性、封建制、これが日本の精神なのである。しかし、〈日本的なもの〉とは、はたしてそれだけなのか。戦争中の加藤青年は文楽を愛し、能を愛していたのではないのか。それは〈日本的なもの〉ではないのか。いやまさにこの本の中に「金槐集《きんかいしゅう》に就いて」という独立した一文が収められ、「天才歌人」実朝に最大限のオマージュが捧げられているではないか。『金槐集』は〈日本的なもの〉ではないのか。

一九四六年の加藤周一の文章は必ずしも整合的ではない。まず誇張がある。「一片の理性があれば、三歳の童子といえども、太平洋戦争の結末を知り得たであろう」(「一九四五年のウェルギリウス」)。この一文は、かつて軍国主義を謳歌した東京市民の弁明、自分たちは何も知らされていなかったという弁明に向けられた怒りであるとはいえ、「三歳の童子」はやはり誇張である。

嘘もある。「四年の間、一度も映画館、劇場等凡そ人の集る所に足を入れず、一冊の雑誌も読まなかった私」(「知識人の任務」)という一句。それが大嘘であることは『羊の歌』の読者はすぐ気がつくはずだ。

矛盾はあちこちにみられる。たとえば彼は『万葉集』を評価しているのかしていないのか。軍国主義に便乗した国文学者の流行させた『万葉集』はよろしくなく、子規における『万葉集』はよろしい、ということなのか。あるいは「星の運命と花束の抒情詩」を唱っている星菫派を軽蔑し、「カロッサを携えて音楽会に集った都会の星菫派を見よ」と書いている。あたかもカロッサを携えていることが「愚劣さ」と「卑屈さ」の証拠であるごとく。しかし、加藤周一自身はカロッサを愛し、戦争中にカロッサの本をひそかに訳しているではないか……。

著者自身、矛盾を感じながら書いている文章もある。「焼跡の美学」だ。爆撃によって廃墟となった東京のうちに、加藤青年は必死になって〈美〉を見いだそうとしている。破壊されて素材に還元されたものの美を。なぜならかつてそこにあった街とは「贋物であり、怪しげな模倣であり、根のない文明の贋造紙幣」であり、そこから出て来たのは「あの滑稽で残忍な軍国主義」にすぎなかったからだ。だとするなら「破壊さるべきものの破壊であった」ということになる。

しかし他方、かつての東京の街にたいする愛着もちらっとのぞかせているのだ。「大川の濁った水、浅草の夜の巷、銀座のカフェーの大きな硝子窓……」。想い出の中から次々に言葉が引き出されてくるが、すぐにそれはペンの下に押さえ込まれる。「にも拘らず」、その一切を否定しなければ、と。

こうした誇張、嘘、矛盾をあげつらうつもりはない。誇張も嘘もいわば若気の文飾、怒りを最大限にたたきつける効果をねらってのことだ。矛盾について言うなら、そこに内面の葛藤を見いだせるかもしれない。それはこういうことだ。

青年はここで、自分がかつて愛したもの、今でも愛しているものをいったん清算しようとしている。いや、清算をしないまでも、日本文化への愛着をまっすぐに語ることを禁じている。なぜならそれらは直接的ではないにしても軍国主義を支え、軍国主義に利用されてきたからだ。少なくとも、封建制、軍国主義が日本文化とまったく無関係であるとは言えないだろう。前者を徹底的に否定しようとするなら、後者から少なくとも一定の距離を置く必要がある……同じ時期に書かれた「天皇制を論ず」という文章の中には、「日本的とは封建的と云うことに他ならず」という句が二度繰り返されていることも思い出しておきたい。

行動か文学か

青年加藤周一のペンの勢いはそこにとどまらない。問題は政治の変革であり、「民主主義革命」である。その「民主主義革命」のために知識人は何をなし得るか、という問いが繰り返し提出され、「知識階級」の自覚と任務がうるさいほど説かれることになる。知識階級は人民の一人として己を自覚すべし、人民の中に自己を投じ、人民と共に再び起ち上がるべし、人民と共に進み、人民の中で闘うべしエトセトラ。

このとき青年加藤周一はどれほど本気でこういった文章を書いていたのだろうか。知識人と人民ないしは民衆とのあるべき関係について（これは戦後の大きな思想的なテーマだった）、よく考え抜かれた言葉とはとても思われない。少なくともここからは加藤周一独自の声は聞こえてこない。こう言っては身も蓋もないことになるが、時代の言葉のエコーが聞こえてくるだけだ。じっさい、一九四六年当時の雑誌は似たような言葉を過剰に生産している。

つきつめて考えればそれは行動か文学かという二者択一になりかねない。そこで目を転じると、『１９４６・文学的考察』には「作家と行動」と題された福永武彦の一文が収められている。「君の手紙に依って、長い間かかっていた君のロマンが遂に完成したことを知った」という書き出し。内容的には小説にあきたらず純粋な行動を望んでいる友人にたいして作家の行動とは何かを説いてきかせている文章で、「君」が誰かは不明だが、まるで文学か行動かという二者択一に悩んでいる加藤周一に宛てた忠告のように読める文章だ。もっとも加藤の方はこの「忠告」(？)を無視するかのように次の号に「知識人の任務」を書き、「人民の中に己を投じ、来れ、我に従えと叫んでいるのであるが。

ここに記されている言葉の本気度については疑問符がつく。ただ、作家はなんとしてでも現実とかかわりを持たねばならぬ、という信念─姿勢だけは見さだめておこう。それは、一つ上の世代の「星菫派」、軍国主義への抵抗を放棄して、「静けさと永遠とを詩と形而上学との世界」に求めた逃避的知識人の轍を踏むまいとする決意からきたものであり、彼の戦争体験の核をなすものだからだ。

やがて加藤周一の世界からは「人民の中へ」といったスローガンは消えていく。また日本否定の過激な言説も消えていく。しかし、現実とかかわるという一点において、彼が退くことはないはずだ。その意味で、『1946・文学的考察』は、加藤周一における〈知的アンガジュマン〉の記念すべき第一歩、と位置づけることができよう。

2　フランス文学者として――『現代フランス文学論』『文学とは何か』

現代フランス文学論

戦前から戦中にかけて言論を封じられていた反動としてだろう、戦後の日本には大小さまざまな雑誌が次々と出現した。よく知られているのは「人間」「近代文学」「展望」「世代」「文藝」といったところだろうか。その他にも「文学時評」「女性改造」「黄鋒《きばち》」「季刊芸術」「批評」「高原」「綜合文化」「表現」「方舟」「赤い手帖」「女性線」「風刺文学」といった商業雑誌、同人雑誌が創刊された。これらの雑誌のほとんどすべてが一九五〇年頃には消えていく。加藤周一は一九四六年から五一年の一月に渡仏するまで、およそ百篇近くの文章をこれらの雑誌に書いている。その中でもっとも多いのがフランス文学論だった。

すでに記したように、加藤のフランス文学への関心は戦中に始まる。東大の仏文研究室から彼がどれだけの本を借り出して読んでいたのかは定かでないが、戦後次々に発表されたフランス文学論は、戦争中に蓄積してあった言葉が一挙に表現の場を得て溢れ出したものと考えられる。

これらの文章はまず『現代フランス文学論I』（一九四八年）に、ついで似た題名を持つ『現代フランス文学論』（一九五一年）に収められ、後にこの中の何篇かが『著作集』と『自選集』に収められた。

今日の常識から考えると、本業が医者である三十歳になるかならぬかの青年が、つまりはフランス文学に素人の青年が、二冊もの現代フランス文学論を出版し得たということは驚きである。それは戦争直後の日本における文化への渇き、西洋の情報への渇きを映し出しているとも言えるが、しかし同世代の、また少し上の世代のフランス文学者の誰もが現代フランス文学論なるものをまだ発表していないことを考えると、これはやはり驚いてよいことであろう。戦争中に「エヌ・エル・エフ」や「ユーロップ」という月刊誌を、おそらく隅から隅まで読み、手中にし得た現代文学の作品を次から次へと吸収していた者だけに可能な離れ技と言っておきたい。

五つの系統

『現代フランス文学論I』ならびに『現代フランス文学論』の二冊からは、当時の加藤青年の主たる関心が五つの系統の作家にあったことがうかがわれる。

第一は象徴主義の詩人たち。ボードレール、ヴェルレーヌ、ランボー、マラルメ、ヴァレリー、さらに象徴主義的な風土から生まれた作家としてプルースト、ジード(ジッド)、クローデルである。

第二はロマン・ロラン、ジャン・ゲーノ、ジャン＝リシャール・ブロック。彼らは両大戦間、とりわけ三〇年代の反ファシズム運動の一翼をなし、雑誌「ユーロップ」を発言の場としていた。ゲーノやブロックなど、当時の日本では知られることのなかった作家を加藤が知ったのはこの雑誌を通してであろう。

第三はマルローとサルトル。これは新しい小説の書き手として紹介されている。マルローの『希望』は新しい人間の魂を描いた、「二十世紀の小説世界に不朽の記念碑を打ち建てた」と最大限の賛美がなされている。

第四はレジスタンスの作家たちで、『現代フランス文学論』にはヴェルコール論しか収められていないが、同じ年に『抵抗の文学』が出されており、ここにはアラゴン、エリュアール、ピエール・エマニュエル、ジャン・ケロルといった詩人たちが扱われており、合わせて考えることができる。

第五に、新しい演劇作家としてアヌイ、ジロドゥー、カミュ、サルトルが論じられている。

以上五つの系統の作家たちの中で青年加藤周一にとって大きな位置を占めていたのは、なんといっても象徴主義の詩人たち、とりわけポール・ヴァレリーである。

まず「象徴主義的風土」(一九四七年)という一文だが、それは象徴主義の現代における意味を論じていて当時の文学青年に大きな影響を与えたらしい。ボードレール、ヴァレリーについてやや詳しく、ヴェルレーヌ、ランボー、マラルメは駆け足で論じ、ついで象徴派からの脱出を試みつつも象徴主義的批評家として二十世紀批評に大きな影響を与えたジードについて詳しく、さらに象徴主義的風土に咲いた花の例としてプルーストとクローデルを取り上げている。

個々の作家について独自の評価が下されているわけではない。むしろ文学史の常識をなぞっていると言っていい。ボードレールのうちには「宇宙の秩序と人間精神との合一の体験」としての神秘主義」を見る。ヴェルレーヌのうちには「神とする孤独な対話」を見る。ランボーとは「感覚の革命」である。マラルメにとって「詩は、大宇宙に正確に類比的な小宇宙」である、エトセトラ。

カトリック史観による解釈

独自性は、そして問題は、十九世紀思潮の読み方にある。次の年に発表された「ボードレールに関する講義草案」(一九四八年)になるとさらにはっきりしてくるのだが、加藤の読解にはカトリック神学の影響がきわめて強い。

すなわち十九世紀前半のロマン主義は感情、霊感、告白を方法とし、外部についても内部についても現実認識がない、その背景にあるのは「人は信仰によって義とされる」というプロテスタンティスムである、とする。ボードレールは暗喩、比喩の「数学的正確さ」によって「魂の現実」を認識することは可能であるとしてロマン主義の「感情的な主観主義」に現実主義を対置した、その背景にあるのは理性によって神の存在を認識するとする〈自然神学〉である、と。

他方、十九世紀後半の自然主義、高踏派、印象派は外部に眼を向けたが、彼らの方法は自然の本質、経験的現実をこえた精神及び物質の実在にかかわらない。その背景にあるのは実在の把握にたいして懐疑的である〈自由神学〉である、と。ボードレールは「詩人の精神と照応する自然」「宇宙秩序の現実」を知的直観によって直接把えようとして、フロベールの観察、ゾラの実験的方法にたいして神秘主義を対置した。

以下、ヴェルレーヌもランボーもこの文脈の中に位置づけられる。ヴェルレーヌについては「神秘主義の体験」が、ランボーについては「自然神学的物の世界」を見たことが強調される。

そしてマラルメについてはこうである。
「ヴェルレーヌの神秘主義的体験と、ランボーの自然神学的認識とは、ボードレールのカトリシスムの裡に、互いに区別されないものとして、それぞれの萌芽をもっているが、マラルメにおいては、合一して、ただ一つの詩的世界となる」

加藤周一らしい簡潔で明晰な締めくくりであるが、こうしたカトリック史観による十九世紀思潮の解読は今日ではもはや通用しないだろう。「ボードレールに関する講義草案」の参考文献にはマルセル・レイモンの『ボードレールからシュールレアリスムまで』、サルトルの『ボードレール』もあげられているが、加藤がこれらの本を実際に読んでいる形跡は見られない。それはともかくとして、十九世紀思潮、そして象徴主義のこうした読み方を加藤はどこから学んだのか。

『著作集』の追記によれば象徴主義の解釈については片山敏彦に負うところが多いという。しかしそれだけではあるまい。むしろ学生時代に吉満義彦や岩下壮一の講義に出ていたことの方が大きいのではないか。ちなみに吉満はカトリックの学者で〈自然神学〉の始祖と言えるトマスの研究者である。岩下も神学者で、加藤がこの文章の中で紹介しているジャック・マリタン『二人の改革者』（日本語訳題『近代思想の先駆者』）を出版している。吉満もまたマリタンの別の本（『形而上学序論』）を訳している。

つまり加藤は吉満、岩下経由で理性によって神の本質にせまろうとするトミズム〈トマス主義〉の二十世紀の代表者マリタンに関心を抱き、マリタンの説く〈自然神学〉からヒントを得て十九世紀思潮を読んでいったのではないか、というのが私の推論である。いずれにせよ、加藤周一のカトリシスムへの関心は並々ならぬものがあり、それは生涯続いていくであろう。

ヴァレリーと革命

ところで、これらの作家の中で加藤が一番関心を寄せ、愛着を抱き続けたのはヴァレリーである。四七年に発表された格調の高い「ポール・ヴァレリー」の冒頭を以下に引いておく。ちなみにこの文章を再録した『現代フランス文学論』には、口絵にヴァレリーの写真が印刷されている。

「死者の棺に花を撒くのは、ヨーロッパ古代の慣しである。
一九四五年七月、私は、花を撒こうと欲した。あの残忍な喜劇は漸く終幕にちかづき、日本の軍国主義の最後はありありと予感されたが、その将《まさ》に息を引きとろうとする軍国主義の上にではなく、遠い海を隔てて、地中海の文明の都に、七五年の生涯を終った一詩人の柩の上に、再び開くことのない見者《ヴォアイヤン》の眼、再び語ることのない智者《サヴァン》の唇、嘗てこの世における最も美しい詩句を書いたその詩人の手の上に、私は、とどかない言葉の花を撒こうと念じた」

筆者はさらに続けて、「私には、その詩人の運命が地上の一帝国の運命よりも重大に思われた」と書いている。

それは単なるレトリックだろうか。私にはそうは思われない。日本帝国、軍国主義の日本が滅びようと滅びまいと、そんなことはどうでもいい、それよりも彼《か》の国(当時は敵国だった)にいる一詩人の生死の方が自分にとっては重大なことだ……。この数行は戦中における加藤の心情をそのまま映したものとして読むことができる。

この文章全体は決して読みやすくはない。観念的な青年が難解な観念のまわりをぐるぐるまわっている。熱くなっているその分だけしっかり対象化されていない。しかし、次の箇所は注目に値する。ヴァレリーにとっての問題が、「つくり出す人間の像を、みずからの中に打ちたてること」だったとして、詩《ポエジー》とは語源的に創造《ポイエシス》であることを強調したところだ。

そしてその次の飛躍に私は仰天する。ヴァレリーは長い沈黙を破って一九一七年に「若きパルク」を発表し、フランスの詩法を一新する。加藤のペンはそこから同じ一九一七年のロシアの十月革命へと大きく移動する。ロシア革命とは搾取された人間に代わり生産する人間が勝利した年である、すなわち一九一七年とはホモ・ファベル、つくり出す人間の観念が勝利した年、詩的革命と社会的革命が成就した年だというのだ。

一九一七年のヴァレリーの一篇の詩と十月革命とを一気に結びつけるこの発想の大胆さ、これが若き加藤周一だった。今となって振り返れば、それがヴァレリーにとって名誉なことだったか、それともロシア革命にとって名誉なことだったか。それはまた別の話である。

レジスタンスの文学

第五の系列のレジスタンス文学の取り上げ方についても一言記す。独仏の戦争が始まったのが一九三九年九月。一九四〇年六月十四日にパリが陥落して、程なくフランスは降伏する。フランスにはペタン内閣という傀儡政権ができて、国土はドイツが直接管理する占領地帯と、傀儡政権が管理する非占領地域に分かれる。その中で数多くの作家が地下に潜って、ある者は言葉によって、ある者は直接武器をとって抵抗運動に参加する。その先頭に立ったのがアラゴンである。

彼は国民作家評議会を組織し、その機関誌として「レ・レットル・フランセーズ」誌を地下で発刊し、「フランスが待っている言葉を見いだせ」、「勇気を与える言葉を見いだせ」と作家たちに呼びかけた。これに応じて詩人たちが詩を書き、戦後これらの詩がさまざまな形で編まれ、レジスタンス詩集として広く読まれるようになった。

加藤周一は、戦後すぐにこれらの詩に、またレジスタンスの作家たちに注目したのであろう。ヴェルコールの『海の沈黙』と『星への歩み』の二作品を一冊にまとめていちはやく翻訳した

（一九五一年、河野与一との共訳）。『現代フランス文学論』に収められたヴェルコール論はこの翻訳のあとがきである。さらに、『抵抗の文学』を岩波新書から出している（一九五一年）。

おそらく大急ぎで書いたのだろう、今日の観点から読むとレジスタンスの歴史的説明には誤りが多く、人名表記の間違いも目立つ。強制収容所のことをわざわざ「コンツェントラチオンスラーゲル」と記すペダンティスムに顔をしかめた人も少なくないだろう。ただ一九五一年にレジスタンスの文学についてこれだけの情報を盛り込んだ文章は、矢内原伊作の一文「抵抗詩人アラゴン」（「世界文学」一九四九年四月号）を別にすれば他にみられなかったはずだ。

「信仰」から「人民」へ

それだけではない。象徴主義は第一次大戦で実質的に終わり、新しい詩法を提示したのはヴァレリーだけだった、その後に来たシュールレアリスムは一九二〇年代に終わり、抒情詩の生命は失われていた、アラゴンは国民的感情、人民の心に訴え、新しい詩型をつくることによって抒情詩の伝統を復活させた、と述べたあと、今度はピエール・エマニュエルについてこう書いている。

「マラルメやヴァレリーにおける「象徴の森」は詩人その人の内的な意識に根拠をおく。エマニュエルの「象徴の森」は詩人その人をふくめて人民の意識に最後の根拠をおく」

このように、国民、民衆、人民という言葉がこの本の中では繰り返し使われている。現代詩は、さらには現代小説は、ヴァレリーにおける孤独な自我の体験をこえて、国民の感情、人民の体験、民衆のイマージュ、社会的現実の方に向かいつつある、向かわねばならない、といった具合に論が進められている。

実を言えばその四年前に加藤周一は二十世紀精神の行方について一つの展望を出していた（「信仰の世紀と七人の先駆者」一九四七年）。ベルグソンとジャン・ジョーレス、クローデルとアランなどをあげながら、二十世紀精神の流れは「形而上学的超歴史的人間の発見」と、「社会的歴史的人間の必要」とを統一する方向に向かっている、そのためには懐疑主義《ピュロニスム》ではなく〈信仰〉——ある価値を信じること——が必要である、二十世紀は〈信仰〉の世紀だ、と。

さらに神秘主義が創造力の発見に通じた例としてクローデル、ロマン・ロランなどの名があげられている。おそらく加藤は第二次大戦の戦禍をふまえて、二十世紀精神の行方を彼なりに占おうとしていたのだろう。その試みとして了解はされる。ただこれを書いた時点ではレジスタンスの文学がまだ知られていなかった。

しかし、アラゴン、エリュアール、ケロル、エマニュエルなど抵抗の詩人たちの作品を知ったあとでは、「信仰の世紀」と言ってのけた二十世紀精神についてのヴィジョンを修正せざるをえなかった。それが「人民の意識」である。ただ『１９４６・文学的考察』の中で彼はすでに「人民の中に」と叫んでいた。その意味では『抵抗の文学』の加藤周一は、それほど遠いところに来たわけではない、と言えるかもしれない。

怒りと憎しみから

本業である医学はどうなっているのか、と思わせるほどのフランス文学へのこうしたのめり込みの起源はどこにあるのか。出発点にあったのはおそらく戦争中の孤立感、閉塞感であったろう。もちろん、それがなくてもフランス文学を読んでいったに違いない。ただ、その読み方、姿勢、選択は戦争に影響されたと私は考える。同じフランス文学であっても十八世紀の百科全書派、十九世紀のロマン主義、自然主義の作品にはほとんど惹かれなかったようだ。なぜ象徴派だったのか。私はこう想像する。

戦争中、自分と価値観の違う人間が周囲に圧倒的多数存在する。その中で自分を維持するには、外の世界に抵抗するには、なんらかの内面的な価値が必要になる。あるいは精神の避難所が必要になる。カトリック信者にはそれがあった（はずだ）。マルクス主義者にもそれがあった（はずだ）。周一青年はカトリック信者でもなく、マルクス主義者でもなかった。そこで、象徴派の詩人たちに向かう。なぜなら彼らは自分の内面を見つめ、自分の内部に一つの言葉の宇宙を造り、それによって外の世界と対決しようとしている。とりわけヴァレリーにおいてはそういう世界を厳密に、知的に構成しようとする意志がみられる。それに惹かれたのではないか、と。

他方、ロマン・ロラン、ゲーノら反ファシズムの作家たちへの共感、レジスタンスの文学にたいする評価は、戦争中の日本文化・日本の知識人への怒り、彼らの言葉への憎しみとつながっている。日本の詩人も小説家も知識人も戦争反対の声をあげなかった、しかし、せめて沈黙することはできたはずだ……。

このように考えると、フランス文学へののめり込み、象徴主義、反ファシズムとレジスタンスの文学への関心は、時期的には交差しているにしても、根本的には、内面的な価値の確立ということと同時に、戦中の軍国主義社会、その中での怒りと憎しみに通じていると言ってよい。

『文学とは何か』

もう一つ別の問いを立ててみよう。こうしたフランス文学への傾倒は、その後の加藤周一に何をもたらしたか。菅野昭正はその「思いだすままに」の中で、加藤にとってフランス文学は「母港の役割を担った」と書いている。ただし「豊かな能力をそなえた船」は母港に繋ぎとめられてはいない、と(『知の巨匠 加藤周一』所収)。この比喩で言うなら、私はフランス文学は、この船を、そもそも文学とは何なのか、という思考の形成へと導いたと考える。その一つの現れが、『文学とは何か』(一九五〇年)である。

この中には、加藤青年の文学についての考え方、美についての考え方、文学史についての考えなどが率直に語られていて興味深いのだが、こうした考え方の基礎には明らかにフランス文学から得たものがでんと横たわっている。

たとえば、文学とは言葉による表現であると言う。「言葉」を強調する。あたりまえのことのようだが、これはマラルメがドガに言ったという言葉そのものである。次に、詩と散文とを区別する。詩は言葉の響きを重視する。散文は言葉の意味を重視する。言葉は符号であって、散文は実体に至る通路のようなもので、世界を意味づける。それに対して詩は実体そのものを作り出そうとする。

この考え方はヴァレリーからサルトルにいたる詩と散文の分け方そのものである。ヴァレリーが散文を歩行、詩を舞踊にたとえたことはよく知られているが、サルトルの場合は、詩は言葉をものとして扱う、散文は言葉を記号として扱う、と区別している。「散文をつくるということは、本質的に世界を意味づけることであり、われわれと世界との関係を限定することである」といった文章は、サルトルの『文学とは何か』からの引用ではないかとさえ思わせる。

この意味で面白かったのは、藤原定家の歌論『毎月抄』を読み解いていく箇所である。定家は何と言っているか。加藤は嚙みくだいてこう説明する。第一に、歌は言葉でこしらえるもの、精密に計算する知的作業の結果である。第二に、言葉は取捨選択しなければならない。言葉という素材に向かって、彫刻師が硬い石塊にのみを振るうように、刻むものだ。第三に、言葉と言葉との響き合い、交響、イマージュの照応関係を通して、あたらしい秩序を追求する。したがって詩とは、心を客体化するものであり、観念を客体化するものである。第四に、言葉の秩序の発見は、思想の発見である。

以上の四点を定家は述べているというのだ。しかし、象徴派における詩の定義をごく簡潔に縮めて言うとたぶんこのようになる。つまり加藤周一は定家の言葉を加藤言語に翻訳しているのであり、(「必要ならば察しなければなりません」)、この場合の加藤言語とは百パーセント、フランス象徴派の詩によって養われた言語なのだ。

この当時の加藤周一の書きおろしの作品はすべてそうだが、短期間に大急ぎで書かれたという印象を受ける。繰り返しが多い。主張に食い違いがある。立てたテーマが十分に展開されていない。したがってこの『文学とは何か』も彼の完成された文学論としてでなく、文学論の素描とみなすべきであろう。

ただ、その後の歩みを考えると重要な視点が一つ出されている。それは文学を考える姿勢である。「文芸学」(文学についての体系的な学)は「文学とは何であったか」から「文学とは何であるか」を定めるが、彼自身は、「文学とは何であるか」をまず考え、そのあとで「文学とは何であったか」について述べる、という姿勢を示していることである。これは後に『日本文学史序説』を書く姿勢へと通じていく。

3 「IN EGOISTOS」をめぐって——政治と文学

論争の時代

第二次大戦後、一九四五年八月から一九五〇年あたりまでの日本は戦後の混乱期を生きていた。そこから生まれた文学に、作家それぞれの戦争体験、戦後体験が直接かかわっていないものは稀だった。そして日本の論壇、文壇は驚くほど活気があった。言葉の格闘技といったものがあちこちの小雑誌で展開され、今日の論壇、文壇の無風状態にくらべると、論争の嵐が吹き荒れていたと言っても過言ではない。

論争のテーマは何か。戦争責任、転向、天皇制、二段階革命、世代、主体性の確立、近代主義、政治と文学、といったテーマが各雑誌の毎号で論じられている。

こうした言論の広場に、加藤周一はどのように参加したか。彼は同世代の仲間たちで作った雑誌「世代」がつぶれたあと、少なくとも三つの文学運動にかかわっている。一つは荒正人《あらまさひと》らの「近代文学」、次に花田清輝らの「綜合文化」、もう一つは中野重治らの「新日本文学」である。もちろんそこには発言の場を持ちたいという願望もあったろうが、それだけではなく、それぞれの運動の理念をいくらかなりとも分ち持っていたからであろう。

「IN EGOISTOS」とは

ここでは『著作集』にも『自選集』にも収められていない「IN EGOISTOS」(「近代文学」一九四七年七月)という一文を取り上げる。これは、戦後の論争の渦の中で加藤がどこに位置していたか、あるいはどのような位置を占めようとしていたか、さらにいかなる文学理論によって立とうとしていたかを示すものとして検討に値する。

この文章には「堕落論」の坂口安吾への批判もちらりと出てくるが、名前こそ出していないものの、引用箇所はいずれも荒正人の文章からのもので、荒への批判が大半を占めている。言うまでもなく荒は「近代文学」の創始者の一人であり、加藤周一は同人になったかならぬかのいわば新入りであった。その新入りによる荒批判が四七年七月号の巻頭を飾ったということ自体が驚きである。しかもこの号の編集責任者が加藤の盟友中村真一郎であることを知るとき、そこには〈暗闘〉の気配さえ感じられるのだが、これはさておく。

荒批判のポイントは二つある。一つは荒におけるエゴイズムの擁護、とりわけ「エゴイズムはヒューマニズムの中核」という発言に向けられている。エゴイズムをいくら「拡充」してもそこからヒューマニズムは出てこないと、荒におけるヒューマニズムの無理解を加藤はこきおろしている。

第二点は「作家の生活的現実」や「心理的な私」を重視し、作家は小市民としての自己を凝視するところから始めよと荒が主張したのにたいし、加藤は「文学的人間像と作家の実生活の人間とは別物である、自己凝視をいくらしても社会批判には通じていかない」とする。この文章だけを読むと私は加藤による批判に軍配をあげたくなる。しかし、加藤が対象としている荒の「近代文学」に連載された一連の文章(とりわけ「第二の青春」「民衆とはだれか」)と突き合わせて読むとき、いささか違った印象を持つ。少なくとも第一点については、加藤の正しさは形式論理の正しさに見えてくる。

なるほど、エゴイズムはヒューマニズムに通じていないというのは正論であろう。しかし荒にはエゴイズムを説く前提があった。戦前から戦中にかけての、「思想というものにたいする恋冷めの青春」、これが前提としてあった。左翼運動の指導者たちの脱落、裏切り、転向、スパイ活動、そして人間への絶望。それを彼は「ヒューマニズムの仮面が剝奪されたあとに露呈したエゴイズム」への絶望と呼んでいる。エゴイズムがいかにヒューマニズムを食い破ったかを見てきているのだ。そうであるがゆえに人間の醜さ、愚かさ、エゴイズムを一つ一つつまみあげ凝視せよ、そこからしかヒューマニズムは生まれない、と説くのだ。

荒正人の主張

たしかに荒の「第二の青春」には不用意な表現がいくつもある。「否定を通じての肯定、虚無の極北に立つ万有、エゴイズムを拡充した高次のヒューマニズム」といった言葉のやりくりには飛躍がある。筆者の心の高揚を伝えてはいるが論理の一突きの前には崩れ落ちる。また、人間の持つ低劣さ、愚劣さを凝視できるのは「ファシズムの嵐のなかに現実の壁にたたきつけられ」、不幸の数々をなめつくした「三十代のインテリゲンチャ」をおいてはない、という世代的な使命感、ないしは特権意識は、当時十代だった私にも鼻につく。

ただ、荒の主張を一言でまとめるなら、作家は自己の戦争体験から出発せよ、ということであり、この点では加藤にも異議はなかったはずだ。違いは体験の内容であり、体験を描く姿勢である。最後の部分で加藤はこう書いている。

「我々にとっては、体験が小市民的・家庭的・自然主義的体験ではなく、人民の方へ向く体験、エゴをとび越えて enjamber 絶対に至る実存的体験であり得るのだ」

この場合の「我々にとって」は、「我々作家にとって」と読み替えておく必要があるだろう。事は文学の方法、何を描くか、いかに描くか、なぜ描くか、にかかわっている。その意味では、荒批判の第二点の方が重要だったかもしれない。そしてそれは、戦後のこの時代の文学論争、さらには日本における〈近代〉の捉え方とも関連している。ここでこうした文学論争の全体を詳述する余裕はないが、加藤がなぜ「IN EGOISTOS」を書いたのか、その背景をさぐりながら、この問いにすこし接近してみよう。

小林秀雄への意識

はじめに、小さな事実を記しておく。同じ年の「近代文学」四月号に渡辺一夫の「エゴイズムについて」という一文が載せられている。ここで渡辺は「誰方だか忘れてしまった」人と例によってとぼけながら、エゴイスムに徹せよとかデカダンスに徹せよと説いている人をやんわりと批判している。エゴイスムと言わずに「自意識」とか「自我追求」と書いたらいかがかと。二ヶ月後の加藤の文章は明らかに、「師」の驥尾《きび》に付したものだった。

次に、荒正人の一連の文章にたいする加藤の心理的反発というものについて考えてみる。第一は世代論への反発だ。荒が批判したのは「四十代の旧左翼人」、「ファシズムにも戦争にも協力することのなかった一群の善良なるひとびと」だった。前世代の何を批判したか。思想と観念だけで世界に立ち向かったこと、実人生を、肉体を、エゴイズムを、「地上の塵芥」を忘れたこと、三十代の荒たちにたいして何をなすべきかを語らなかったこと、一言で言えば「肉体を忘れた思想のことば」を語るだけだったことだ（荒正人「自分の蠟燭」）。

しかし加藤の眼から見れば、これは三十代による〈戦争体験〉の独占に見えただろう。それに戦争の最大の犠牲者は三十代ではなく二十代の青年だったかもしれないのだ。ちなみに、軍隊帰りだった二十代の色川大吉は、一九四六年、荒正人らを講演会に呼んだとき、荒をどなりつけている。「キサマラ、国民が血の涙を流して戦っていたとき、高見の見物人のように、そんなマネをしていたのか」と。終戦は間近だと祝盃をあげた話を荒がしたときだ（色川大吉『廃墟に立つ』参照）。他方、観念によって、思想によって〈戦中〉を耐えてきた加藤にとって、肉体―心理―エゴイズムの側面を強調する論法は受け入れられるものではなかった。

第二に、これは推測になるが、荒正人が、小林秀雄を弁護し、のみならず援用していることへの微妙な反感があったのではないか。戦後何人かの作家が小林秀雄の戦争協力姿勢を批判したが、荒はこれを「俗悪な風潮」として斥けている。また小林秀雄の「戦争について」（一九三六年）の中から「歴史的弁証法がどうの、現実の合理性がどうのと口ばかり達者になって、たった今の生活にどう処するかに就いては全く無力である」という箇所を長く引用し（「第二の青春」）、生活―肉体の側に立って考えた人として小林に敬意を表している。

荒のみならず「近代文学」の同人には、戦前プロレタリア文学への対立者として始終した小林秀雄にたいする〈恭しさ〉があったように思う。それは「近代文学」一九四六年二月の第二号で小林秀雄を囲む同人の座談会「コメディ・リテレール」にもはっきりうかがわれる。戦争中の発言にたいし、かの有名な台詞(「僕は無智だから反省なぞしない。利巧な奴はたんと反省してみるがいいじゃないか」)で傲然と居直りを見せた小林秀雄に、さしたる反論もないままに座談会は終わっているのだ。

加藤はまだ同人ではなかったからこの座談会に出席していなかった。しかしこうした発言をどんな想いで読んでいたか。戦前から戦中にかけて、時代の寵児であった小林に無関心ではあり得なかったはずだ。早い時期の加藤の作品である「金槐集に就いて」は、まさしく小林の「実朝」にたいする返答として読むことができる。後に一九五九年の「ゴットフリート・ベンと現代ドイツの「精神」」を「同時代ライブラリー」に収めたとき、その「追記」で加藤はこの文章が小林秀雄を意識したものであることを明らかにしているが、戦後のこの時期に加藤の書いた多くの文章にも、小林の存在は影を落としている。「IN EGOISTOS」の中で、「論理のことば」にたいする「心理のことば」という荒の定式化を鋭く批判するのは、この箇所で荒が小林を援用しているからではなかったか。

もっとも、戦前にさかのぼって、トルストイの家出をめぐっての正宗白鳥と小林秀雄との論争(一九三六年)――トルストイの家出は「山の神」を怖れたからか、それとも「抽象的煩悶」か、トルストイの行動を左右したのは実生活か思想か――を思い出すなら、このときは思想の側から実生活信仰を痛撃していた小林秀雄に加藤は共感を覚えたはずだ。だとするなら、戦争が近づくにつれて思想をあいまいにし、「生活」に力点を移した小林への違和感がここに表明されている、と考えることもできよう。ここでは加藤周一における小林秀雄問題が存在することを指摘するにとどめる。

中野重治との距離

第三に、「IN EGOISTOS」は、この当時(一九四六―四九年)のいわゆる〈政治と文学〉論争の文脈の中で書かれていることを念頭においておく必要がある。〈政治と文学〉論争全体について詳述する余裕はないので、そのきっかけだけを記す。平野謙は共産党員だった杉本良吉が岡田嘉子という「小柄な可愛げな年増女優」を利用して樺太を越境したという事件のうちに、自己の政治的目的のために手段を選ばぬという政治主義を告発した(「ひとつの反措定」)。また小林多喜二の『党生活者』における女性の扱い方を例にあげて、プロレタリア文学には人間蔑視があることを指摘した(「政治と文学(二)」)。これにたいして中野重治が一連の「批評の人間性」において反論をし、平野のみならず荒をも俎上《そじょう》に乗せ、「下司なかんぐり」「反革命の文学反動」と罵倒した。

今日の観点からこれらの文章を読み直すと中野重治の公式主義は歴然としており、高飛車な物言いに私は反感を覚える。ところが「IN EGOISTOS」の中で加藤は荒正人批判に中野を援用している。批評家の生活的現実は「封建的であると共に小市民的な、家庭的日常的存在」であり、たしかにそれを無視してはならぬと譲歩したあと、中野の以下の文章を引用し、これを正当な意見としている。「しかしそのことで、革命に参加する小市民インテリゲンチャの、その成長に於ける小ブルジョワ性の清算を引きとめようとするのは結構でない」

この箇所の加藤の文脈は、近代的個人が成立していない我が国において自我確立のための努力は必要だが、自己凝視、自己批判からは「積極的な社会批判は決して生れて来ない」という点にある。これは森有正の意見として引用されており、森有正を引くことは必要だったろうが、中野の引用は必ずしも必要ではない。したがってこれは中野重治への〈挨拶〉と言って悪ければ、〈政治と文学〉論争への態度表明であろう。別のところでは中野重治について「今の日本で発言しているもっとも明快な批評精神」と賛辞を送っている（座談会「日本的感覚・意識について」「人間」一九四九年九月）。政治的に考えると、この時期、加藤は日本共産党に近い位置にいた、ないしは近い位置にいようとしたように思われる（後にわかったことだが荒正人もまた隠してはいたがこのころ共産党員だった）。

「人間的現実」を描く

第四に、これは確実なことだが、荒による自然主義文学、私小説の評価への反発がある。荒は「ニヒリスティックなエゴイズムを人間の中核と見倣す」自然主義の人間観を近代日本文学の「ひとつの里程標」と考える(「晴れた時間」)。そこから正宗白鳥を高く評価し(「白鳥的ペシミズム」)、戦後に書かれた葛西善蔵《かさいぜんぞう》や嘉村礒多《かむらいそた》の私小説の評価へとつなげていく。他方、加藤は私小説が「人間的現実」(これはサルトルの『存在と無』から取ってきた言葉だ)を描いているとは考えない。さかのぼって、自然主義文学全体にたいして否定的である。

　では加藤はいかなる「人間的現実」を描こうとするのか。文学的人間像は作家の実生活の人間と別物であり、要は素材でなく表現の「主体」にあると言うのなら、その表現の「主体」をどのように確立しようとするのか。加藤の展開する当時の小説観はこうである。

「形而上学的要請と社会的責任」、「神秘主義と社会主義」とが一箇の精神のうちに存在する。したがって、文学的人間像はこの両面を備えねばならず、それは「小市民的日常性の否定」の上に成立する。そして自然主義の方法に対抗して、「魂の現実主義の象徴的方法」と「社会主義リアリズム」を持ち出す。例としてはヘミングウェイとマルローの行動の文学があげられているが、加藤の頭の中にあったのはクローデルとアラゴン、そしてサルトルであったろう。さらに注目すべきは、小説を表現手段の最高位においていることだ。最後にこう書いている。

「小説は、我々にとって、唯一の現実を表現する唯一の手段として、時代の理論的・実践的課題を一個の精神の裡に集中的に認識する唯一の方法として、要するに、我々の人間性を豊富にする創造的な行為の場として、かけ換えのない意義を持つ」

荒からの反論

やがて加藤周一は最初の長篇小説『ある晴れた日に』を「人間」に連載することになる。この小説が加藤の文学理論を反映しているかどうかは次の節で検討するが、その前に「EN EGOISTOS」に荒がどう反応したか、「オネーギンを乗せた〈方舟〉」に触れておく必要がある。この文章は一九四八年五月号の「人間」に発表された。この間一年以上、加藤の批判は無視されたわけだ。そしてこの文章は加藤だけを対象としたのではなく、「方舟」という雑誌を一時期出していた『1946・文学的考察』の三人の著者たちに向けられている。

荒はまず「このひとたち」が「ふたことめにはあちらあちら、と口早にしゃべり散らす事」への嫌悪感を記す。「フランス語で日記をかかねばならぬ」という加藤の発言（「座談会」、「綜合文化」一九四八年二月）については「その優等生じみた素顔がもの悲しい」、こういうことは、もっと「イロニイをこめて」言えと注文をつける。さらにヘレニズムやヘブライズムを学べなどと言っているが、「それは後進国日本という現実をふまえての切実な叫びであるのか、どうか」と問いただしている。以上は、外国文学者によくみられる——荒自身も多少その面があるのだが——〈あちら主義〉への批判ということになろうか。

次に加藤による「自然主義抹殺論」については、日本ではなぜフランスの自然主義と違って、自然科学、社会科学を切り離した独特の自然主義が生まれ、ついに「私小説」にいたったのか、これを抹殺するのではなくその「宿命」を理解せよ、と説く。

そして最後に、プーシュキンの小説の主人公オネーギンを例に引いて、加藤らは「余計者」オネーギンを創り出したプーシュキンのように現実と自分、民衆と自分との距離を自覚せよ、「余計者文学への血路を拓くべき」と忠告をする。荒によるこの反批判は的はずれだろうか。私にはそうとは言いきれない。加藤の文章にはこうした嫌悪感を引き起こしてもやむをえぬ〈くさみ〉があったと思う。この文章にたいする加藤の反論は書かれることがなかったが、自然主義の評価については、加藤はやがて荒にすこし近づくことになる。

4　小説『ある晴れた日に』とその謎

物語の筋立て

戦争中に加藤青年は何篇かの小説を試みていたようだ。我々がいま目にすることができるのは先に述べたように「正月」という作品(『自選集1』)のみである。旧制の高校生となった「僕」が小学校時代親身になってくれた先生の家を正月に訪れ、先生がすこし変わってしまったことにやや失望するという話。小説というより作文に近い。ただ一つ私が注目するのは、「僕」が先生の家の「家庭的団欒」の風景を目にして羨ましく思うというくだり。先にすこし記したことだが、この時期、加藤家にはなんらかの波風が立っていたことを暗示する。

『ある晴れた日に』はこの「正月」よりはるかにスケールが大きく、戦争体験が主題となっている。

筋書きはこうだ。主人公は医者の太郎と、太郎の友人の姉のあき子。時代は戦争末期の一九四五年の春から夏にかけてで、太郎は東京の小さな病院(東大病院ではない)に勤務している。あき子はピアニストだが、夫が出征した後、信州の高原の町でホテル暮らしをしている。夫を思い出すことは稀で、思いは北支にいる弟の身の上に向けられている。

物語は、青酸カリを送ってくれと言ってきた弟にどう返事すべきかを、あき子が太郎に相談し、太郎が信州にやってくるところから始まる。語りの視点は太郎とあき子の二つ。

第一部は信州が舞台。太郎が滞在する農家には反軍国主義的な考えを持つ画家とその娘が疎開している。太郎の世界とあき子の世界のあいだを憲兵の水原がうろちょろして何かを探ろうとしている。

第二部の舞台は東京。すでに米軍は沖縄に上陸している。東京大空襲の夜、太郎は横穴の防空壕に避難していると、看護婦のユキ子が後から入ってくる。太郎は二ヶ月前にユキ子と海辺の村に旅をし、一度だけユキ子を杉林の中で抱いたことを想い出している。それが愛だったのかどうか、太郎は自信がもてない。爆音が続き、火の粉が流れていく。目の前の病院が炎に包まれかけたとき、ユキ子は水をかけようと言い出す。無理だと止める太郎を振り切ってユキ子は外に飛び出す。二日後、太郎は焼跡の道を歩きながら、一切は終わったと感じている。

第三部の舞台は再度信州へ。ソ連が参戦し、日本の敗色が濃厚になっている。太郎はユキ子から、病院が焼けているときに穴を飛び出さなかったことを非難する手紙を受け取り、深く傷つく。あき子は弟が無事病院で生きていることを知ってほっとするが、他方、始終心にかけていた義弟の道夫の戦死の報に動揺する。ある晴れた日、八月十五日、ラジオから天皇の声が聞こえる。終戦を知って太郎は「何か歌いた」くなる。三日後、東京に帰るため駅に向かう。各人戦争によって変わり、いまそれぞれの道を歩こうとしている。

二つの場所、二人の女

『ある晴れた日に』は二つの場所の物語としても読むことができる。空襲のサイレンが絶えまなく鳴り、ほどなく爆撃が始まる東京の街と、恵まれた自然と優雅なホテルのある信州の高原と。信州の高原は太郎にとっては戦前の夏の思い出につながる。「白樺の葉にきらめく真昼の光」、「ラケットを持った少女たち」。それは爆撃も焼跡も忘れさせてくれる別の世界だ。

二つの場所の物語はまた二人の女の物語でもある。太郎はこの二つの場所、二人の女の間を往き来している。信州の高原にはあき子がいる。東京にはユキ子がいる。第一部で、一週間の滞在のあいだに太郎の気持ちは大きくあき子に傾いていく。太郎にとってあき子は親友の姉という以上の存在、思想の同志にさえ思われてくる。

「この人の他の誰と、野蛮な戦争に抗議し、〔……〕平和への、また平和のなかにあり得たし、あり得るであろうよきものへの、深い愛情を頒ち得るであろうか」

これはほとんど愛の自認だが、この想いは不完全燃焼に終わっている。あき子の頭の中に、太郎はほとんど現れてこないのだ。

他方、ユキ子との関係は太郎にとって戦争体験の大きな部分を占めている。第二部は空襲下の東京で、横穴の壕の中でユキ子とすごしている時間がほとんどすべてである。ユキ子は仕事の仲間であり、死の危険を分かちあう同志であり、現実の心の支えである。病院を火炎から救おうとして火の粉の中に走り去っていくユキ子は、この小説の登場人物の中でただ一人行動力のある人物として描かれている。

あき子はどうか。彼女は慣習や常識を無視する自由な人物として描かれている。戦地にいる夫のことはほとんど思い出さない。太郎のことは「confident」（打ち明け話の相手）ぐらいにしか考えていない。戦争についてははっきりした考えを持っている。「軍人の支配する日本が残るよりは、連合軍が日本を占領した方がずっといいと思うわ」と言ってのける。ただ、言動において自由に振る舞っている分だけ、一九四五年の日本社会の中に置いてみると、現実感が稀薄だということはある。

すでに述べたように、小説の語りの視点は二つ、多くの章は太郎の視点で語られ、いくつかの章があき子の視点で語られている。この手法はサルトルから学んだものであろうが、必ずしもうまくいっていない。ただあき子の視点だからこそ語り得る一節があることもたしかだ。ポーランドから亡命してきた若い女性が一九三九年に催したショパンの演奏会を思い出す一節だ。

「そこにいた誰一人として、ショパンの失われた祖国、ポーランドの運命を忘れてショパンの音楽を愉しんだ者はいない。練習曲、譚詩曲《たんし》、ポロネーズ……ピアニストが力をこめて鍵を打つたびに、ピアノの上の花束は、悲しみに慄え、怒りに慄えた。ここには音楽があり、彼方ではナチスがポーランドの大学生たちを虐殺しているということを、亡命のピアニストばかりでなく、すべての人々が感じていた」

すべての人々。そこにいた三十人か四十人の人々。そこは少数ながら、非道を怒る感情の連帯感があった。しかし今ではもうこうした感情を共にする人の集まりはなくなってしまった……あき子にふと甦ってきたこの思い出は、そのまま加藤青年の戦中の心情、彼の戦争体験の重要な部分を語っていると考えていいだろう。

作者と主人公

主人公の太郎は当然作者の分身と考えられるが、そこには若干の距離がある。生家が東京渋谷の丘の上にあったこと、かつて信州の高原でいくつかの夏をすごしたこと、一番の親友が戦争にとられて入院していること、こうした点において太郎は作者と重なり合う。医者であることもそうだ。ただし東大病院ではなく縁故の小さな病院という設定にはなっている。看護婦との関係は、『羊の歌』の中ではさらりと書かれているが、この小説の中ではもうすこし深入りした関係に描かれており、女が去っていく仕方が劇的になっている。どちらが真実かはわからぬが、たしかなことはあの戦争中、加藤青年にとってかなり重要な女性がいたということだ。

太郎と作者の一番大きな違いは家族構成である。太郎は一人っ子で母親だけ、父親はすでに死去したという設定になっている。作者が妹をここに登場させなかったのはその必要がなかったということだろうが（ただし私は、あき子に対する感情の中に、作者の妹にたいする感情が転移されていると考えている）、父親を抹殺したのはどういうことか。ここにはなんらかの意味があるかもしれない。ちなみに、父親の死去は一九七四年である。

物の考え方はどうか。二人とも戦争は負けると考えている。また軍国主義にたいする憎悪という点でも一致している。憲兵の水原が馬に乗って得意げに通りかかるときに太郎の覚える憎悪の感情の激しさは作者自身のものであろう。

ところが太郎はユキ子相手にこんな台詞も吐いている。「ぼくだって勝つためにできるだけのことはしなければならないと思う。敗ければ大変なんだ」。これは先ほどのあき子の台詞にくらべるとかなり腰のひけた言い方であり、戦中の加藤青年の言葉とは思われない。

天皇の放送を聞いたあと、太郎と画家とが天皇制について話し合うが、そのときの太郎の考えも意外である。「天皇の責任は、別の問題として、今天皇制をこわしたら混乱する。天皇がなければ、何がはじまるかわからないでしょう」と太郎は言うのだ。しかしこれは加藤周一が「天皇制を論ず」(一九四六年三月)というこの時期の文章の中でまさしく批判している考えではないか。

終戦を知ったときの感情を「新しい生命を獲得した」、「自由に生きはじめた」という感覚にとどめておこうとしている。未来の方向を考えるのではなく、「未来に向かって踏み出す力」の自覚にとどめておこうとする。そして未来を語る言葉は画家や若い吉川に譲っている。「天皇制を倒すこと」と画家は語り、「革命」と「経済の再建」を同時にすること、と吉川は語る。

一九四五年の加藤青年が、こうした画家の考え、吉川の考えと別の考えの持主だったとは思われない。

つまり作者は意図的に自分よりも穏健な思想を太郎に貸し与え、急進的な考えは他の人物に振り分けている。それはなぜか。私の説明はこうだ。

第一に、太郎は戦地にいる唯一の親友を意識している。なぜ彼が兵隊にとられ、自分がとられなかったのか。しかも徴兵検査には二人とも丙種合格だった。それなのになぜ彼が？　この問い、この負い目の意識――しかもこの小説が書かれたときにモデルの中西はすでに死んでいる――これがこの作品の低音部を流れている。したがって戦争が終わったからといってすぐに、「天皇制打倒」「革命」という方向に心が動かない。これが主人公の真実であろう。それに八月十五日の時点では、加藤青年の心情もこれに近かったかもしれない。

第二に、読者の反応を意識した抑制が働いたのかもしれない。軍国主義に反対、戦争に反対は、多数者の論理に従えば非国民の輩だった。こうした多数者にたいして少数者の体験を伝えるためには慎重さが求められる。そこで、作者は自分の思想の急進的な部分を太郎に負わさずに、画家や吉川に振り分けた、とは考えられないか。

いずれにせよこの最初の長編小説は、「IN EGOISTOS」において提示したような形の小説にはならなかった。その意味では失敗作である。ただ私はむしろ、サルトルが若きフロベールの青年期の著作について使った言葉を当てはめ、『ある晴れた日に』は加藤周一における戦争体験の〈全体化〉の試み、自己の感情、心理、思想のすべてを表現の中に投げ込むアンガジュマンの試みと言ってみたい。こうした〈全体化〉の試みを加藤はその後『運命』において、『羊の歌』において試みるが、これはその最初の試みである、と。

ただ一つ、私が不思議に思うことがある。この作品が発表された時期である。初出は雑誌「人間」の一九四九年一月号から八月号まで、つまり『1946・文学的考察』のあとである。あのように直接的で、忌憚のない文章を書き、「人民の中へ」と叫んだあとで、数年前に立ち戻ってこの『ある晴れた日に』を書けるものだろうか。小説を書くのならその先へ進むべきではなかったか、というのが率直な疑問である。そのためひょっとしたら、じつはこの小説は、それ以前に書いてあったが発表の場がないままに引き出しの奥にしまってあったのではないか、と思いたくなるのだ。

第三章　〈西洋見物〉の土産

1　芸術を見て、語る――『ある旅行者の思想』『西洋讃美』

フランスへの旅立ち

一九五一年十一月からほぼ三年半近く、加藤周一は医学部門のフランス政府留学生としてフランスに滞在した。帰国したのは五五年三月である。フランスではパストゥール研究所に通って血液学の研究をしていたらしいが、『羊の歌』には医学研究生の姿はほとんど描かれていない。そこにあるのは、寺院を見てまわり、展覧会はのがさず、劇場にしばしば通い、〈文化〉を必死になって吸収しようとしている文化系留学生の姿である。

こうした〈西洋見物〉（と加藤は呼ぶ）のお土産が、ほどなく三つの形をとってもたらされた。第一は旅行記、第二は絵画とスペクタクル論、第三は文明論。大半の文章は滞仏中に日本の新聞・雑誌に発表されたもので、ヨーロッパに滞在する知識人が少なかったこの時代、ジャーナリズムの視線が加藤に集中していたことを物語っている。

〈二つの眼〉

『ある旅行者の思想』(一九五五年)にみられる旅する加藤周一には二つの眼がある。両眼のことではなく、旅するときに働く眼のことだ。その一つは建築、彫刻、絵画に向けられる眼。もう一つは旅する国の社会事情、政治体制に向けられる眼だ。どちらか一方というのは稀である。そして、第一の眼を向けるべき対象がない、ないしは向けるに値する対象がないとなると、その土地はこきおろされる。

例えばスイスだ。一九四五年から数年のあいだ、スイスはその永世中立の姿勢において、その自然の美しさにおいて、その精密工業において、日本が今後模倣すべき国とされた。当時新制中学生だった私もまた、学校の先生のスイス礼賛の言葉で〈洗脳〉されて、スイスとはいかなる国か正確には知らぬままこの国にあこがれていた。

加藤は当然こうした経緯を知っている。そしてスイス人の生活がアメリカと匹敵するくらい豊かであることを発見する。街はひたすら清潔で自然で「公園のように美しい」ことも認めている。その上でこう書く。

「フランスとイタリアとのとなりに住んでいるこの国の人々が一枚のろくな絵もかかず、一つのろくな彫刻もほらなかったということはそれだけでもおどろくべきことである」

彼は当時、二十世紀最大の彫刻家とも言えるジャコメッティを知らなかった。いや、知っていたとしても、ジャコメッティはスイス生まれではあるが、若い頃からずっとフランスで暮らしていたではないか、と反論したであろう。

スイスにたいするこうした見方は、スイスへの旅行中に形成されたのだろうか。これからスイスに行きます、と彼が知り合いの詩人に告げたとき、このフランスの詩人はこう答えたという。「スイスはすばらしい国だ、しかし惜しいことにスイス人が住んでいる」。かつて傭兵の国だったスイスにたいする偏見はフランス人の言葉のはしばしに感じられ、またフランス語の言い回しにも残っている。その毒を加藤も吸収していたのではないか。

また、次の言い方のうちに映画『第三の男』の反響はないだろうか。「ローマには絵と彫刻とがあり、パリには建築と思想とがあり、ヴィーンには音楽がある。スイスでは人がそういうことよりも、電気冷蔵庫や自動車に興味をもっている」

『第三の男』の悪役を演ずるオーソン・ウェルズは、追い詰められたとき、こんなふうに悪党としての自己弁護をしていた。「ボルジア家の悪党どもが牛耳っていたイタリアには、ルネサンス芸術があったじゃないか。ところがこのスイスに何がある？　鳩時計だけだ……」

加藤がその後スイスを訪れた形跡はない。少なくとも一九五〇年代の旅の印象を訂正する文章は書いていない。

イタリアの印象

スイスの次に訪れたのがイタリアだ。このときはミラノ、ヴェネツィア、フィレンツェ、ローマとまわっている。一番気に入った街はどこか。文句なくフィレンツェだ。なぜならフィレンツェでは「何もかも美しい」から。加藤周一の旅行記を読む楽しみの一つは、こうした詠嘆の言葉に出会えることだ。それに続く文句はこうだ。「糸杉も、トスカナの平野も、アルノーの流れも、僧院も、壁画も、宮殿も。そしてその美しさを感じるとき、われわれは西ヨーロッパの文化の泉の一つを感じているのだ」

美しい作品としてはミケランジェロの「ダヴィデ像」があげられている。その美しさをとらえるのは知識ではない、知識はほとんど否定されている。〈美〉に肉迫するのは〈感じる力〉である。そこから次の言葉が引き出されてくる。「ダヴィデの一見しずかな姿勢のなかに湛えられている力、次の瞬間に来るべき運動の激しさ、筋肉の弛緩と緊張との調和がつくり出す世界の生命は、もしそれを目的とするならば人間の仕事でそれ以上はありえないところまで行っている」

ここにいるのは感性の人である。彼の第一の眼がフルに活動するのは、彼の感性が震えているときである。いや、第一の眼の活動が感性の震えを引き起こすと言うべきか。いずれにせよ、こうした文章を読んだあとでは、「ダヴィデ像」を知らぬ人も、それがどんな像なのかを画集でたしかめたくなるではないか。

意外なのはヴェネツィアについて寡黙なことである。どうやらそれは「ビエナーレ」(ビエンナーレ)を見たせいらしい。そこで見た現代美術に、とりわけ抽象絵画の流行にうんざりしている。

「ヴェネチアの芸術祭」の末尾の一句を読んでみよう。

「そのビエナーレ展らん会場の外へ出た時ほど、私は海と空と明るい光の中でゆれる緑の木を美しいと思ったことはない」

なんとも痛烈な皮肉ではないか。彼は「私はシエナの街一つのためにならば、全スイスを捨てても惜しくはないだろう」と書いていた。しかも同じ本に二度もだ。このように自然の美よりも芸術の美の方に常により多く感性を動かせていた加藤周一が、ヴェネツィアでは海と空を眺めてほっとしているのだ。

第二の眼が一番活動しているのはローマにおいてである。第一の眼がこれといった対象を見いださずに活動を鈍らせたためだろうか。イタリア人の閉鎖性とか、外国語にたいする態度とか、農村への共産党勢力の進出とかに多くのページがさかれている。

ローマの美しさについてすこしだけ語っているが、かなり投げ遣りだ。次の数行を、フィレンツェについて語った先の数行と比較していただきたい。

「ローマは美しい平和な街である。物資は豊かで、酒はうまく、旅行者がそれぞれの好みに応じて、芸術乃至女を語るのに、これほど適《ふさわ》しいところはない」

こうした散漫な文章と思われるものの中に、しかし、きらりと光る数行がある。「ビザンチンの不安な眼」は「エジプトのしずかな眼」とともに「人間の眼の表現としては古今双璧」であり、それ以後「人間の眼玉の表現には、進歩がなかった」というくだり。深くうなずく人も、いやいや違うと別の例をあげる人もいるかもしれない。いずれにせよこうした「饒舌」、あるいは独断と見えるアフォリズムが彼の旅行記の魅力である。

そのいくつかを挙げておこう。ロンドンについてはこうだ。「街はみるようにできていない、ただそこで商売をするようにしかできていないのである」。イギリス人には造形感覚がないと言うのだ。ではターナーはどうか。「ターナーの絵はあるが、イギリスの絵はない」。要するにターナーは例外的な天才であり「例外的なエピソード」であると言う。

あるいは「日本も、イタリアも、原子ばく弾をつくり出すことができない以上、もし美をつくりださなければ、つくり出すものはない」。トスカーナの平野で、日本の美術を思い出している箇所だ。数年後、日本製のトランジスタラジオやカメラが世界を驚かせたとき、加藤周一はどんな顔をしていただろうか。

感動から言葉へ

〈西洋見物〉の二つ目のお土産は、美術と芝居、オペラについてのエッセイを収めた『西洋讃美』(一九五八年)である。中でも、ヴェラスケス、ファン・アイク、デューラー、ルオーを論じた四篇は、『ある旅行者の思想』に収められている駆け足評論家の絵画論とは違って、加藤が本格的に取り組んだ絵画論として重要である。発表媒体も「芸術新潮」であったところからある種の構えも感じられる。

問題は眼で見たものをどう言葉であらわすかだ。感性それ自体は無言である。いや、ひょっとしたら、人は言葉をとおして感じているのかもしれないが、そうだとしてもそれは断片であって、文章としては流れていかない。

だからこそ、たとえば森有正は何度も繰り返しシャルトルの大聖堂に足を運びながらも、その感動を言葉にはできなかった。いや、あえて言葉にしようとはしなかった。加藤はもちろんこの困難をよく知っている。しかも感動が深ければ深いほど、言葉の秩序に移行することが難しいことを知っている。しかし、それでも表現への欲求を抑えることができない。だとするなら、傑作についての感動を文字にすることは悪戦苦闘とならざるをえない。

初めての本格的絵画論

じっさい、この四篇の絵画論から浮かびあがるのは、絵の語り方を模索しつつ言葉と格闘している駆け出しの評論家の姿である。それでも、一番まとまりを見せているのは、ヴェラスケス論であろうか。「王家狩猟図」「フィリップ四世」「マリアとマルタの家のキリスト」という三枚の絵のそれぞれについて、自分の絵の読み方をていねいに示している。そしてそれはかなり説得的だ。

たとえば「王家狩猟図」の画面中央の空虚に注目する。しかしそれは単なる空虚ではなく、「来るべき瞬間の砂埃、馬の跳躍、〔……〕敏捷で複雑な激動の、いわば予感によってみたされている」。つまり「運動の可能性」をとらえ、見る人の想像力をそこに集中させている、と。あるいは「フィリップ四世」については、正装をして立っているこの王において「立派なのは衣裳」のみであり、顔については「美食に飽きてたるんだバラ色の頰、生れながらの好色家の小さな黒い眼と下った眼尻、妙に虚勢を張って左右にはねあげたひげ」、本物にそっくりなのだが、そうであるだけに「無慈悲な」肖像になっているというのだ。そしてそこに宮廷画家になってしまったヴェラスケスの芸術家としての「内的自由」を見ている。

これにたいして、デューラーについて書いた「ヴィーンの思出」では、読者はなかなか絵の前に連れていってもらえない。ヴィーンの街をぐるぐる引きまわされ、やっとアルベルティーナ美術館に辿り着いたかと思うと、ヴェルフリンやエリー・フォールのデューラー論の紹介に話が飛ぶ。次はグリューネワルトとクラナッハとの比較だ。要は、ゲルマン的なもの、ドイツ的なものとは何かを問いながら、デューラーを純粋にドイツ的でない芸術家(モーツァルト、ゲーテ、ハイネ、ニーチェ)の系譜の中に位置づける試みなのだが、絵について語ることが少なく、人によっては支離滅裂な文章と判断するかもしれない。

「ルオーの芸術」も同様で、焦点が定まっていない。ルオーの人物画における「誰にも見捨てられた孤独な運命との内心の対話」を語りたいのか、それとも「群集心理の時代」にアルティザン(職人)としてのスタイルに固執したルオーの反時代性を強調したいのか。あるいは数十年間、構図も色もまったく変化していない一直線の運動、自己への忠実、いや「自己を超えるものに忠実な運動」を評価したいのか。それともまた、「本来個人的なものでない様式を個人的にもとうとした芸術家」の時代錯誤の偉大さに感動しているのか。おそらくそのすべてなのだろうが、それがもつれたまま提示されているのだ。

「肖像画について」

ただ、面白さということでは、ファン・アイクを中心に論じた「肖像画について」が、好みがはっきり出ているという点でずばぬけている。十五世紀、ファン・アイクに始まる肖像画の歴史をざっと振り返り、肖像画の黄金時代は十六世紀、十七世紀にレンブラントとヴェラスケスが肖像画の最後の様式をつくって、以後は肖像画の歴史は「分解と頽廃の過程」である、次の二世紀にくるゴヤ、アングル、コロオの肖像画は例外である、と。そして印象主義について次のように書いている。

「印象主義の原理そのものから肖像画のなりたつ余地はない。人物は本来日傘やりんごと同じものになる。つまり人物としては死ぬ。印象主義は肖像画にとどめを刺した。抽象絵画が死体解剖をひきうけるまでに、それから、余りながい時間はかからぬだろう」

このいささか恨みがましい文章のうちに、西洋絵画に対する加藤の好みが洩らされている。そう、どうやら彼は印象主義があまり好きではない。抽象絵画となると、もう嫌いなのだ。じっさい、世界各国で美術館通いを続ける加藤のペンの下で、ごくごくわずかな例外をのぞいて、キュビスムもシュールレアリスムも表現主義もついに語られることがなかった。総じて現代絵画には背を向け続けている。現代彫刻についてはジャコメッティに敬意を表しているぐらいだろうか。それを、加藤周一における古典主義への加担、「個人的経験乃至《ないし》感動よりも、普遍的な作品の世界を信じるという芸術家の不幸な決心」(『ある旅行者の思想』)と定義されている古典主義への加担と言っておこう。自己の表現でなく自己を超えるものの表現に価値を置いているのだ。

2　文明批評家の誕生――『現代ヨーロッパの精神』

最先端の思想を伝える

『現代ヨーロッパの精神』(一九五九年)には九篇の論文が収められている。いずれも帰国後に発表された文章だが、これらを支えているのは滞仏中の知的蓄積である。

扱われている思想家は主として、S・ヴェーユ、J＝P・サルトル、G・ベン、G・グリーン、K・バルト、E・M・フォースタ(この表記は著者に従う)である。この六人はたぶん意図的に選ばれている。それぞれが、キリスト教的社会主義、実存主義、ファシズム、カトリシズム、プロテスタンティズム、ヒューマニズムといった思潮に立つ思想家であり、その選択は、啓蒙家としての加藤のバランス感覚を示す。引用されている参考文献がほとんど原書ないしは英訳の書であることからもわかるように、当時の日本ではまだ知られていなかった思想家(ベン、ヴェーユ、バルト)、知られていない作品(カミュ―サルトル論争他)に照明をあてている。かの地の文学、思想の動きを伝える新〈帰朝者〉の役割を、加藤は期待に応えて果たしている。

ベンとナチズム

二十一世紀の新しい読者にとってどの論文が面白いか予測がつかないが、この本の再刊の解説(岩波現代文庫)を書いたときに私が一番面白く読んだのは、ゴットフリート・ベンを扱った二つの論文(「現代ヨーロッパにおける反動の論理」と「ゴットフリート・ベンと現代ドイツの「精神」」)だった。

筆者はなぜベンを取り上げたのか。ベンは両大戦間のドイツにおいて詩人として知られていた。しかしナチ政権への協力という過去を問われて戦後はドイツでほとんど無視されていた。日本で紹介が遅れたのもそのためであろう。たまたま一九五〇年代からベンの再評価がドイツで始められ、それがフランスにいた加藤の目にとまったのではないか。ベンが医者だったという経歴も加藤の関心を惹いたに違いない。

きっかけが偶然であったにしても、ベンを論じる視点ははっきりしている。ベンという一作家にたいする関心以上に、ナチズムにたいする関心、ナチズムがなぜドイツ大衆の支持を得たのか、という問いがまずある。そしてそれはもちろん、日本の大衆がなぜ軍国主義の指導者たちを無条件に支持したのか、という長年の問いにつながっていたはずである。

ドイツの場合、それは単なる宣伝の結果とは考えられぬ。狂信的ナチズムの側から考えても、戦闘的な反ナチズムの側から考えても、その理由は見えてこない。多数の大衆は静かにヒトラー政権を支持していた。その感情と論理とを見きわめなければならない。そのためには、「静かな協力者そのものの中に、その代弁者」を探し出さなければならない……。

こうした考えの筋道から詩人ベン、哲学者ハイデッガー、歴史家マイネッケの三人を取り上げるのである。「彼らは、協力した。政治的に先頭に立ったわけではないが、政権を支持した」と。

ハイデッガーとマイネッケについてはさておく。ベンはなぜ政権を支持したのか。彼の美学的立場、芸術至上主義がなぜナチズムの歴史主義と結びついたのか。ベンの戦前の著作と、戦後に書かれた自伝の『二重生活』とを比較しながら、加藤はこう説明する。芸術様式の創造は「民族の事業」であり、民族のエネルギーは国家権力の活動の中に表現される、というのが「ベンの工夫」であった、と。そして、戦後にこの「工夫」は放棄された、と。加藤はここで「工夫」と書いて表現をおさえているが、要するにこれは「詭弁」ということであろう。

芸術至上主義と歴史

二つ目の論文では、ベンだけを取り上げてさらに詳しく論じている。ベンの思想構造を加藤にしたがって示せばこうである。

〈自我〉とは何かを問うところから出発した戦前のベンと、戦前の言説の弁明をしている戦後のベンとを比べてみると、芸術の絶対化〈芸術至上主義〉と歴史の拒否という点ではまったく違いがない。ただ戦前のベンは、「それが私の民族だから」という理由でナチの政権を支援した〈実存的選択〉。戦後のベンは〈民族〉を強調せず、芸術＝精神と歴史＝権力闘争とを徹底的に矛盾・対立するものとして語っている、と。

正直に言えば、この説明だけでナチズムを「静かに支持していた」ドイツ国民の心情と論理が説明され得るのかどうか、私には疑問に思われる。この説明はやや〈高級〉すぎる。しかし今はそれには触れぬ。

それよりも、芸術至上主義者が歴史にかかわるときの危うさがここで指摘されていることに注目したい。ベンは芸術が〈私〉から出発しているその実存的根拠について語った。そこから、歴史の意味もまた実存的決断にかかわっているということで「一歩」を踏み出した、その危うさである。

ここで私たちは、あの日米開戦の日の高村光太郎の詩を思い出してみることができる。

老若男女みな兵なり。
大敵非をさとるに至るまでわれらは戦ふ。
世界の歴史を両断する
十二月八日を記憶せよ。

（「十二月八日」）

まさしくこれは、芸術至上主義者が歴史にたいして実存的な賭けをした一つの典型的な例であろう。

ただここで加藤は結果において批判するのでなく「ほんとうの批判をするためには、僅かに一歩であることを、僅かに一歩としてみとめることからはじめなければならない」と書いている。それは、あの「怒りの抒情詩」の時代、星菫派を罵倒していた時代の加藤から見ると、大きな視点の転換である。もっとも彼に言わせると、日本の多くの文学者、思想家は右も左も単なる機会主義―日和見主義―ご都合主義で、彼らの「戦争責任の問題は、その大部分が機会主義者の破産の決算に過ぎない」ということになるのだが。

小林秀雄への態度

では機会主義者でなく戦争に協力した思想家は誰かということになる。一九九一年に加筆した文章の「追記」で、加藤はその名を明かしている。念頭にあったのは「小林秀雄」である、と。また同時に、ベンのケースと小林のケースとの違いについても一言記している。歴史を権力闘争の過程と解したベン、それに対して、歴史を「死児を懐かしむ母親の心情」に還元した小林の心情主義、その両者を比較している。

小林の戦争中の言動からして、加藤は当然小林にたいして多大な批判を持っていたはずだ。

小林がもしも単なる「機会主義者」でなかったとするなら、軍国主義の「静かな支持者」であった日本の大衆の心情と論理を明らかにするためにも、小林批判をもっと展開してもよかったはずだ。しかしそれはなされなかった。その理由は明らかでないが、文壇における彼の「権威」を怖れたからとは思いたくない。小林とは「人間」の座談会で顔を合わせ、「群像」では対談までしている顔見知りだったからか。しかも彼は小林の本について少なくとも一度は好意的な書評を書いている。加藤のこの「恭しい態度」と見えるものは私にとって謎である。(後に小林の『本居宣長』について厳しいコメントをしているが(『私にとっての二〇世紀』)それは小林の死後のことである。)

一九五〇年代の世界

もっとも面白く読んだ論文について最初に記したが、加藤の批評方法を考える上で重要なのは全体の序文の役割を果たしている第一章の「ヨーロッパ思想・新しい現実との対決」である。ここで筆者は、いまヨーロッパ社会で何が問題であるかをまず概観し、ついで、その問題意識が思想の動きにどう反映しているかを検討する。まず時代と社会の問題について考え、ついで文学と思想の動きを語るというこの姿勢は、以後、文学、思想、精神を語るときの基本的方法となる。

一九五〇年代初頭のヨーロッパはどうであったか、いやまずは一九五〇年初頭の世界がどんなであったかを思い出しておく必要がある。朝鮮戦争が二年間続いていた。休戦によって第三次大戦の危機は辛うじて避けられたが、米ソの対立による冷戦構造が世界に重くのしかかっていた。他方、スターリンの死後(一九五三年)、平和共存の思想がじわじわと広がり始めていた。

とりわけ周恩来とネルーとの間にかわされた平和五原則(一九五四年)、バンドン会議(一九五五年)以後は、アジア・アフリカの新興国が東西のバランスをとる上で重要な役割を持ち始めた。そんな時代である。

現実対思想

それではこの時期のヨーロッパでは、何が社会の問題としてあったたか。加藤は四点あげている。第一は「米ソの圧倒的な力」を前にしたヨーロッパの国際的位置の低下。第二にアジア・アフリカの民族主義の台頭と、植民地の独立。第三に労働問題―社会主義への動き。第四に機械化に伴う労働の非人間化、社会全体の画一化。

これにたいして理論や思想はいかに応えているか。加藤は第一に政治、社会の側から問題に取り組んだ例として、イギリス労働党の理論家のコールと経済学者フリードマンの著作を紹介している。コールの論文や著書は、一九五〇年代、日本にも沢山紹介されている。社会民主主義者と共産主義者が共通の目的の実現のために話し合うべきことをこの時代に具体的に提唱した。こうしたコールに加藤は大きな共感を寄せ、コールをとおして未来の可能性を垣間見ている。

他方、労働の非人間化は労働そのものではなく、労働の余暇を人間的にすることによって補うとするフリードマンの議論については首をかしげている。労働外の時間が人間化するかしないかは社会構造により、社会構造との関連を問わねばならぬ、と。これは今日においても解かれていない問題であろう。定年年齢の延長に反対するフランス人と、なるべく伸ばしたい日本人との違いはどこからくるのか。それは「人間化」の意味にもかかわってくる。

第二に、哲学、思想の側から問題に取り組んだ例としてはカミュとサルトルをあげ、両者の論争を紹介している。両者の論争には、ソ連の強制収容所をどう考えるか、マルクス主義をどう考えるか、歴史の意味(方向)をどう考えるか、といったいくつかの論点があるが、こうした「形而上学的対決」の背景にあるのは、「社会的対決」である。「西欧的民主主義の原則を貫ぬこうとする欲求」と、「そのためには現に社会的不正の被害者である労働者と共に戦う他はないという事実の認識」との対立である、と筆者は考える。加藤は客観的な紹介につとめているが、彼自身の考えは、サルトルに近いことが感じられる。

二〇一〇年においても

この第一論文を二〇一〇年に再読したとき私が驚かされたのは、一九五〇年代のヨーロッパがかかえている問題として指摘されている四点が、言葉を少し変えれば、そのまま二〇一〇年のヨーロッパ、いや日本のわれわれわれに提起されている課題でもあるということだ。

第一の「米ソの圧倒的な力」を「単独主義、超大国のアメリカの圧倒的な力」としてみよう。軍事力においても経済力においても国際社会の無力さは歴然としている（アフガン、イラクの戦争、金融危機）。

第二の植民地の独立の問題は今日では片がついたように見えるが、〈ポストコロニアリズム〉という問題設定が出てきたことは、それが未解決であることを示している。そしてリビアの〈戦後〉をめぐる旧植民地勢力（イタリア、フランス）の石油利権の争いはかつての植民地争奪と見まがうばかりだ。

第三の労働問題についていうなら、加藤がここで念頭においている「社会主義」のカードは、少なくともヨーロッパにおいては、経済的リベラリズムの害を阻止する切札としてまだ棄てられてはいない。第四の労働の非人間化、社会の画一化が、今や国境を越えてグローバル化していることは言うまでもないことであろう。

『現代ヨーロッパの精神』はこのように、一九五〇年代のヨーロッパ思想の紹介をこえて、一人の確実な文明批評家の誕生を告げている。

3　第二の〈全体化〉——『運命』

中世の発見

実を言えば加藤周一の〈西洋見物〉には第四のお土産があった。小説『運命』(一九五六年)である。しかしなぜか彼はこれを〈西洋見物〉の「決算」の中に入れていない。また『著作集』の中にも『自選集』の中にも収めていない。つまり読者にとっては幻の書となりつつあるが、私は作品の出来栄えはともかくとして、加藤周一のフランス体験がもっともよく語られた作品だと考えている。

後の『続 羊の歌』の中で作者はこんなことを書いている。フランスに来て目についたのは、日本との相違ではなく類似だった、フランスは私の行き着いたところではなく、戻ってきたところだった、と。これは、そのほぼ十年後にやはり留学生としてフランスの土地を踏んだ私の眼からみると実に驚くべき言葉である。私にはすべてがすべて日本と違って見えたからである。

加藤周一の場合には、一つには医学をやっていたということがあるだろう。医学は、二十世紀中葉においては日本とフランスとでたぶんそれほど大きな違いはなかった。それだけでなく、彼の場合には、第一章で見たように小さい頃からの家庭環境があった。また学生時代にたっぷりと吸収した西洋的教養の広がりがあった。その意味では驚く必要はなく、「戻ってきたところ」という言葉もごく自然に出てきたのかもしれない。加藤の一年前に渡仏した森有正もまた同じようなことを書いていた。いずれにしても加藤には相当な自信があったのだろう。

ただ、そのあとで、中世だけは自分の予想外だった、フランスで私は中世の美術を発見した、と書いている。その「発見」は次の三点にまとめられている。第一は、中世から現代までが連続しているという発見。第二は、文化とは形であって、形とは精神を外在化したものという発見。逆に言えば芸術家の努力とは精神を形に刻むこととなる。第三に、芸術が知的な世界の全体に組み込まれているという発見。

この「発見」は、その後の加藤周一の仕事を考えてみると、非常に意味深い。なぜなら、人生の後半において『日本文学史序説』で文学史を、『日本　その心とかたち』で美術史を、そして『日本文化における時間と空間』で精神史をと、三冊の本を書き、日本文化のまさに全体を展望しようとしたのであるから。

ただ、『羊の歌』は帰国からほぼ十年後、四十代半ばの加藤周一が書いた回想であり、かつての〈フランス体験〉に当然ながらある種の距離がとられている。場合によっては誇張があるかもしれない。これにたいして同じことを語りながらも『運命』では、帰仏後すぐに書かれたという時間的近さのためか、フィクションという形式をとった気楽さのためか、旅人の心象や感情が実にストレートな形で表れ出ている。この小説においても、まさしく「中世の発見」が核心に位置している。この部分だけをまず取り上げ、簡単に紹介をする。

シャルトル大聖堂を描く

主人公は白木、もう数年前からパリに住んでいる画家である。この白木に、作者は二度シャルトルの大聖堂を訪れさせている。一度目は春で、このときマルタという女性と知り合い、二人の関係が始まる。二度目は三年後の冬で、マルタとの関係が破綻したその直後である。

二回とも白木は大聖堂に魅せられるのだが、二回の審美的な体験は同じではない。その違いは白木における感情生活の変化と芸術的体験の深まりとを示唆している。一回目に白木が感動するのは冬の夕陽が差してくる焼き絵ガラス、それから薔薇窓である。光であり色であり肉感性である。それは瞬間の陶酔として生の春をも指し示していた。

二回目に白木が惹きつけられるのは、そういう薔薇窓の燃えあがる色を包み込んでいる建築の構造である。素材、形であり、精神であり、それは持続する意味として生を超えたもう一つの世界を啓示している。この箇所は日本語の散文として美しく、何度も朗読をしてみたくなるような箇所なので、以下に書き写す。

「マルタとみた西の薔薇窓は燃えていた。しかしそれは、もはや単に暗やみのなかにあるのではなく、建築のなかにあるものであった。その燃え上る色の効果を、包み、全体の中に組み入れ、役割と意味をあたえ、しかも決してゆるぐことのない巨大な構造がある。それは彼女と出会ったときに白木のみなかったものであり、彼女と別れた後にみたものである。抽象的な構造は、実は単に抽象的なのではなく、心のひだの細かい構造であった――」

次に京都の寺院との比較がくる。

「シャルトルは〔……〕田舎であり、そのカテドラルには弱々しいところが少しもない。盆地に半ばかくれているのではなく、平原に臨んで丘の上にあり、雨も風も真向からうけるところに立っている。京都のどこにもない材料の圧倒的な量感があり、積みかさねた巨大な石の重みが、そのままじかに迫ってくる。それは季節と自然のなかに融けこむものではなく、季節と自然とに正面から対立し、強く自己を主張することによって、広大な風景といわば力のつり合いを保とうとするものだ」

少し長くなるがもう一箇所引用しておこう。

「灰色の空と枯れた平原の間、吹きつける冬の風に対し、移り変る季節と生れては死んでゆく数かぎりない人生との間に、その簡素で、質実で、丈夫な形がある。どういう感傷主義もはねつけ、どういう装飾主義も拒む、純粋できびしい形、――しかしそのなかに憎悪ではなく愛、疑惑ではなく信頼、粗野ではなく一種の典雅がある」

これらの言葉を語っているのはいずれも白木である。白木は作中人物であって必ずしも作者自身ではない。しかしこの箇所にかんするかぎり、それは作者自身の体験を言葉にしていると考えてよいだろう。じっさい白木におけるこの陶酔、この啓示は、『羊の歌』の作者のあの「中世の発見」にまっすぐに通じている。

もう一人の主人公

ではこの小説の主題は何なのか。『運命』という題名はどこから出てきたのか。シャルトルの大聖堂を前にしての感動、その感動の内容の変化を語るだけなら、小説という形式は必ずしも必要ではない。

たしかに白木の審美的体験は小説の筋書きの中にはめ込まれている。その筋書きをなすのは女たちとのかかわり、とりわけマルタとの関係である。マルタとの関係だけがこの自己中心主義的な主人公に生きた時間の痕跡を留めており、その他の女たちは享楽の対象か、せいぜい観察の材料というにすぎない。シャルトルの大聖堂は白木にとって審美的体験の対象としてあるだけでなく、マルタと出会った場所であり、このマルタを失ったあとの空虚を「埋めないにしても」、そこから彼を「ひきだすもの」であった。その意味においてシャルトルの大聖堂という〈もの〉についての体験は、白木において、マルタという〈他者〉についての体験と一体をなしている……作者のねらいを推察すればそういうことになる。

しかし、そこからは題名の〈運命〉は出てこない。何が運命なのか。それを考えるには、もう一人の語り手でもある佐藤――日本からやってきた美術評論家――を紹介しなければならない。そもそもこの小説は白木と佐藤という二人の主人公の観点から語られ、佐藤は白木の観察者としての役割をあてがわれている。白木が「早口」であるとか「若々し」いといった外観から、「パリごろ」、「半フランス人」、「どこか狂っている」といった噂にいたるまで、佐藤の眼と耳とは白木についての情報を読者に提供し続けている。こう言ってよければ白木は佐藤の眼をとおして相対化されているのだ。

ただ――これがこの小説の欠陥と思われるが――パリ生活で佐藤を取りまく環境も人間も白木のそれとまったく同じで、佐藤に固有の空間が最後まで成立していない。彼自身の存在感が稀薄なのである。白木の絵に特別興味があるわけでもなく、人柄を尊敬しているわけでもない。それればかりか、白木のことを、会うたびに借金を求めてくる厄介な人物とさえ考えている。

では佐藤はなぜ白木に関心を持ち、白木と接触し続けるのか。読者は次第に気づいていくのだが、どうやらそれは、「白木はなぜフランスにい続けるのか」という問いにかかわっている。実際、小説の冒頭からこの問いは彼の想念に取りついている。当然のことだが、この問いは、一年半の滞在を終えて予定どおり帰国するつもりの佐藤自身にはね返ってくる。彼はなぜ帰国するのか。そして白木のことを考えるたびに、「パリには何年の予定？」と最初に会ったときに白木から浴びせられた質問と、籠められているらしい皮肉——言葉にはされていないが「一年や二年でフランスがわかるの？」といった皮肉——を思い出させられる。それはこの小説の中で常に眺める者として振る舞ってきた佐藤が、客体としての自分を意識する稀な瞬間である。そうなると佐藤も単なる観察者の椅子におさまってはいられない。白木と正面から向き合い、自己を主張せざるをえなくなるのだ。

「なぜ日本へかえらないか」

作者はこの問題について二人が話し合う場を二度つくってはいる。一回目は最初の顔合わせから一年ほどの月日がたち、佐藤にもそれなりの体験ができている。このときには佐藤の正論と見えるもの（「外国に暮していると生活が浮きあがってしまう」「社会とのほんとうの接触は、日本人には日本でしかありえない」「社会から浮いている自分のなかに、いつまでも自分を先へ進めてゆく力がありますか」）が圧倒し、白木は黙り込む。辛うじて感情の言語に訴えて持ちこたえるだけだ。「そんなことを知らないと思うのか、〔……〕君には人間の悲しさがわからない」と。

二回目はその半年後、佐藤の帰国の直前で、佐藤にしても白木にしても、それぞれの選択をなし終えている。佐藤の再度の質問、「日本へは当分お帰りにならない。仕事のためですか」にたいして白木はこう答える。「ぼくはいるからいるんですよ」、「いたいからいるということだ」と。

明らかに議論は嚙み合っていない。いや議論はなかったとさえ言える。ただ、こうしたやりとりもそれぞれの立場に若干の動揺を引き起こしている。第一ラウンドの翌日、白木は佐藤について、「勤勉に見てまわったものを頭で整理しているだけの男に何がわかるものか」と佐藤を軽蔑しつつも、「なぜ日本へかえらないか」という問いのまわりをぐるぐるまわっている。金もない、絵も描けそうにない、パリの街にも未練はない、マルタは去っていった、それなのになぜフランスに留まって無駄な時間をすごすのか、と。

長い思案の果てに、「ただ一つの活路」として日本へ引き上げる決心をしようとしたそのとき、彼は突然シャルトルの大聖堂を思い出す。冒頭に引用した冬の大聖堂を見たときの心の高揚を。そしてその回想の力で彼はなおもフランスにしがみつくのだ。

他方、帰国寸前の佐藤も、「いたいからいる」と言った白木の居直りとも言える言葉に、ある種の重みを、あるいは不気味さを感じて動揺する。一年間の予定でせっせとヨーロッパ美術を勉強し、〈知識〉を西洋土産にして帰国しようとしている自分の立場が突き崩されかねない不安を感じる。「欧羅巴は結局つかみ損ねたのかもしれない」と。

こうした不安を払いのけるかのように佐藤は「白木三郎は少しずつ崩れていった」と考えるが、なぜそうなったのかは結局わからない。「白木は白木としてこうなる他はなかった」と思う、つまりは〈運命〉だったと考え、佐藤にしては珍しく投げやりなこの台詞によって小説は閉じられるのである。

帰るか、とどまるか

おそらく今日の読者は、こうしたやりとりに大きな違和感を覚えるに違いない。パリに暮し続けるかそれとも日本に帰るかが、なぜそれほど大きな問題としてテーマ化されるのかが腑に落ちないだろう。二〇一三年の留学生――夏になるとヴァカンスで日本に帰ってくるという留学生もいる――がもはや抱えるには及ばぬ問いである。

しかし一九五〇年代、いや一九六〇年代の末までは、この問いは一つの文明をどう学ぶかについての倫理的な選択の問題であった。戦後十年から二十年、日本は貧しく、フランスは遠く、いったん日本に帰ったならば二度と来る機会はないとほとんどの留学生が覚悟していた(私自身は一九六六年に帰国して学校に就職したのだが、当時、日本とフランスを往復する航空運賃は三十一歳の私の一年間の給料とほぼ等しかったことを覚えている)。

だからこそ、深入りしなければ、一生を棒にふる覚悟がないならば、一つの他なる文明をわがものにすることはできないと考えた森有正、「ヨーロッパ文明は到底外側から真似のできるような、また単なる観賞によって学べるような、浅い簡単なものではない。僕は僕自身の道を行きつくすところまで行くほかはないのだ」(『バビロンの流れのほとりにて』)と――『運命』の主人公とほとんど同じ時期に――決意を記し、生涯フランスに留まった森有正が留学生たちによく読まれ、彼の生き方は「さあ自分はどうするか」を考える一つの指標となり得たのである。

加藤周一自身は三年数ヶ月をすごしたあと日本に帰ってきた。形としては佐藤と同じ道を選んだ。佐藤はその職業からも滞在の短さからも加藤とはそのまま重ならない。しかし、その考え方において佐藤は加藤ときわめて近いところにいる。また『羊の歌』の読者ならばこの小説に出てくる佐藤の女友だちの像が、あの自伝に出てくる加藤周一の女友だちの像に近いことに気づくだろう。

〈全体化小説〉として

他方、白木はシャルトルの大聖堂を前にしたときを別にすると作者と無縁の存在だったかというと、私にはそうは考えられない。白木にはおそらくモデルがいる。森有正に似ている箇所もないではないが、むしろ加藤に影響を与えたらしい彫刻家の高田博厚の方が近い。ただそのどちらにたいしても「異質の文化に対して、うまい逃げ道をとることができず、正面からつき当って行こうとした不器用さ」という佐藤の白木評はあてはまるだろう。

しかし私は、白木をもう少し加藤周一に近づけて考えてみたい。もしも彼が帰国をのばしていたならばそうなっていたかもしれない可能的な分身、というふうに。いやむしろこう言おうか。帰るべきか帰らざるべきか、もしフランスに居残るとするとそれはどのような生活となり得るか。また居続ける根拠は何なのか。もし引きあげるとなると悔いは残らぬか。〈西洋見物〉の目的は達し、学ぶべきものは学んだとすでに言い得るのか、なぜ日本に帰らねばならぬのか。滞在の終わり近くに繰り返されたであろうこの種の内面の対話の一方の極に白木という人物が造形されたのだ、と。そう考えると『運命』という小説は作者における〈西洋体験〉の全体が投げ込まれている小説、と言えそうである。

実際ここには、パリという都会が季節や時刻に応じて見せるさまざまな表情、樹木や壁や小路をとおして一つの街とのつながりが歩行者の体内に根付いていく感覚が書き込まれている。袖振り合った女たちのふとした仕草や特定の瞬間の声の抑揚、〈情〉の世界になじんでいた者にとってはすっととけてこない彼ら彼女らの人間関係の持ち方の堅さと厳しさ、さらには外国での金の欠乏が生み出す精神の暗い破れ目、こういったものにも作者の注意は向けられている。生活体験、感覚体験、感情体験、ここには希望も未練も懐疑も投げ込まれている。

しかもなによりもそれは、〈西洋体験〉なるものにたいする作者自身の足場の確認であり、一種の決意表明であった。その意味において『ある晴れた日に』に続く第二の全体化小説と私は言ってみたい。

最後にここでも疑問を一つ出しておきたい。加藤周一はなぜこの小説を『著作集』にも『自選集』にも入れようとしなかったのか。小説の未熟さということは理由にならない。これよりも未熟と思われる『ある晴れた日に』を入れているのだから。小さな理由として考えられるのは、この小説の最後の一行である。佐藤はマルセイユに向かう汽車の中にいる。向かいの席には若い女がいる。

「佐藤はその女をみながら自分が欧羅巴へ来て一人の女も知らなかったということを想出し、マルセイユへ着いたら、船へ乗るまえに、忘れていたことを果そうと思った」

下手な一行である。今さらのように思い出すことでもあるまい。余計な一行である。なぜこの一行があるのか不可解であり、全体を壊しかねない。読み直して加藤が悔いたことは十分あり得る。もう一つ、白木にもマルタにもモデルがいて(白木に一番近いのは高田博厚であろう)個人的なトラブルがあったとも考えられる。いずれも推測にすぎぬが、謎の一つである。

第四章　雑種文化論の時代

1　「日本文化の雑種性」という発見

〈日本的なもの〉への眼差し

西洋土産を提出し終えたか終えぬかの頃、加藤周一はすでに日本の論壇の渦の中に立っていた。〈フランス文学者〉としてではない。奇妙なことに帰国して以後、加藤周一はこのレッテルを忌避するかのごとく、フランス文学論と言えるものを一つも書いていない。この衣を脱ぎ棄てて、新たに姿を現したのは文明評論家、〈雑種文化論〉の加藤周一であった。長い眼で見ればこの脱皮こそ〈西洋見物〉の最大の成果であったとも言える。

きっかけとなったのは「日本文化の雑種性」という一文（「思想」一九五五年六月）である。この論文が引き金になって、以後三年ばかり、加藤の思考は〈日本的なもの〉、あるいは〈近代化〉をめぐって展開されることになる。

この論文の主旨はある意味で単純なことだ。三つのことが説かれている。日本文化の雑種性を指摘して、これを直視せよというのが第一点。この現実を直視しない相反する二つの純粋化運動〈国民主義と近代主義〉は共に不毛であるというのが第二点。文化の雑種性には積極的な意味があるというのが第三点。

では、日本文化の雑種性という発見はどこからなされたか。冒頭にこう書かれている。西ヨーロッパに滞在中は純粋種と言える英仏文化の伝統主義に影響を受けて、自分も日本人の立場を国民主義的に考えていた、〈日本的なもの〉を、伝統的な古い日本文化を中心に考えていた、と〈横光利一『旅愁』の主人公の一人もそうだったことを思い出しておこう〉。しかし、帰国の船がアジア諸国を通過して日本に帰ってきたときに眼にした「北九州の工業地帯」、あるいは神戸の港、こういったものから、「日本の西洋化が深いところへ入っているという事実」に気付き、そこから〈日本的なもの〉を考えるようになった〈ここが『旅愁』の主人公と違う〉と。そして、この「二つの要素〈日本と西洋〉が深いところで絡んでいて、どちらも抜き難い」という性格に「雑種」という名を与えたのである。

日本文化の雑種性の指摘は、少なくとも明治以後については今では誰しも異の立てようがないであろう。

第二の指摘もそのとおりだ。二つの純粋化運動、「西洋種の枝葉」をのぞいて日本的なものを残すという国民主義も、逆に「日本種の枝葉」を落とそうとする近代主義も成就しがたいのは明白である。「和魂洋才」の魂をあくまでも護ろうとするなら洋才を棄てて「和才」に戻る、精神主義に走る必要がある。他方、「洋魂」にしようというなら日本文化の伝統のすべてと手を切らねばならない。どちらも不可能である。

ここで注目すべきは、日本の近代化における〈ゆがみ〉を強調する議論を斥けていることである。〈ゆがみ〉というのは、典型的な近代市民社会を想定するからで、そんなものはどこにもない、ましてや、〈ゆがみ〉を封建的なもののせいにするのは馬鹿げている、と。こうした言説のうちにはおそらく、日本人の意識における「前近代」を強調した荒正人らへの批判がこめられている。

雑種文化と民主主義

第三に、文化の雑種性に積極的な意味があるとする点については、その例として、「戦後の民主化の過程から生じた精神上の変化」をあげている。日本の戦後の民主主義を、西洋からの直輸入ではなく、雑種文化のうちに見いだしている。民主主義を雑種性の近代化の表現として位置づけている。そうならば純粋種である西洋近代社会は到達すべき目標とはならないだろう。

ここで明らかになったことは、日本文化の雑種性の積極的な意味づけは、戦後の民主主義の擁護とワンセットになっていることだ。一方では近代化＝西洋化とする近代主義から、他方ではその反動としての国粋主義から戦後の民主主義を救い出すことが、少なくともこの論文の狙いということになる。

しかしながら、雑種文化の積極的な意味を語ろうとするなら、戦後の民主主義を「例」として持ち出すだけではたぶん十分ではない。「日本文化の雑種性」という文章は、その構成が単純であるだけに、さまざまな空白がある。その空白はより複雑な思考によって充たされることを求めている。以下、この時期に加藤自身が抱いたであろう一連の問いに問いかけながら、その思考の足どりを描き出してみよう。それは雑種文化論の射程を先取りし、七〇年代以降の大作への筋道を垣間見させてくれるはずである。

アジアと日本のヒューマニズム

一九五五年七月、つまり「日本文化の雑種性」を書いた次の月の雑誌に、加藤は「雑種的日本文化の課題」(「中央公論」、後に「雑種的日本文化の希望」と改題)と題した文章を書き、雑種文化をアジアという視野で考え、問題を一歩先に進めている。

アジアの国々(インド、中国)では、人間の自由、平等の自覚が国民主義、反植民地主義と結びついて自発的に生じた。西洋とは違う形で起こったこのアジアの「ヒューマニズム」(と加藤は言葉を置き換える）の可能性は何か。その中で状況を異にする日本の可能性はどこにあるか。

これにたいする明示的な回答は同じ論文で出されていないが、次のような方向が示唆されている。

⑴イデオロギーを組み立てる材料、「概念と論理」は西洋の歴史に求めねばならない。

⑵日本の「文化的資材」を利用すること、過去の文化の歴史を掘りおこすこと。

日本でマルクス主義が失敗したのは、できあがったものを「輸入」したからで、「日本では日本のイデオロギーを組みあげてゆかねばならない」というのだ。

ただ論文は、このあたりから論旨が不透明になる。使われている用語も鮮明な輪郭を持っていない。たとえば、こうした「問題意識」があるだけでなく、「西洋のイデオロギーの人間的基礎に相当する動き」（傍点引用者）が必要条件だと言うが、これは何か。またこの「人間的基礎は、抵抗にうちかって人間解放を実現しようとする個々の具体的な過程のうちにしか育ちようがない」（傍点引用者）となると、堂々めぐりになってくる。

そして最後に、社会的な次元から文化的な次元に問題が移され、論旨はほとんど混乱してくる。尾形光琳《こうりん》を例にして、その装飾主義と写実主義が一体をなしており、それは「感覚的・日常的・経験的世界」を唯一の現実とする日本人の世界観を表していると説くとき、これは『日本文学史序説』や『日本　その心とかたち』を予告する言葉として了解される。ただそこから現代の芸術家に必要なのは、「超越的な世界観に養われた意識の構造」であると説き、それが西洋文化と接触することの意味ということになると、日本におけるヒューマニズムの可能性はいかに、というはじめに出されていた問いはどこかにすっとんでしまったと言わざるをえない。アジアと日本のヒューマニズムは雑種文化を背景としており、それぞれの状況の中で、個人主義、個人倫理から出発した西洋のヒューマニズムとは異なった形をとる、という確認を前提とした議論が、超越的なものを前提とする「プラトニックな意識の構造」を必要とするという結論で終わるのは、考察の対象が社会から文化に移されたとはいえ、また加藤自身の西洋体験に根ざした言葉とはいえ、論理の混乱としか言えないだろう。

明治維新をめぐって

その混乱は次の論文「果して「断絶」はあるか」(一九五六年九月)にも尾をひいている。明治維新に歴史の大きな区切りを見る断絶説に立つなら、これは日本の近代化を西洋化と等しくすることに帰結する。連続説に立つなら日本の近代化は西洋化に帰し得ない独自の相を持つことになる。加藤は当然後者の見方に立つ。

ただ、美術、文学、宗教における〈日本的なもの〉をざっと検討しながら、日本人の意識について次のように書くとき、私は首をかしげざるをえない。

「仏教渡来以前の原始宗教的世界には、超越的な彼岸思想がなかった、仏教、儒教、および西洋文化の影響も、その点においては、日本人の意識をけっきょく変革しなかった」（傍点引用者）

だとするなら西洋における彼岸思想、「プラトニックな意識の構造」との接触を説いても無駄であろう。それだけではない。雑種文化論はどこへ行ったのか。〈日本的なもの〉とは雑種ではなかったのか。それは外国文化の輸入とともに日本人の意識が変わってきたことを前提としていたのではないのか。戦後の民主主義の評価は「日本人の意識」の変化を評価したからではなかったのか。

実を言えばここでもまた加藤の議論は文学・芸術の次元で展開されており、社会制度、社会意識の次元では展開されていない。そしてこの次元での〈日本的なもの〉とは明らかに、純粋に〈日本的なもの〉を指しており、雑種的に〈日本的なもの〉とはうまく接合しないのである。別の言い方をすれば、明治以後の近代化の様相、とりわけ民主主義意識の形成に焦点を合わせた雑種文化論と、明治以前にさかのぼって文学、芸術についてなされた考察とは相互補完の関係にあるはずなのに、そこには食い違いがあるのだ。

2　展開をはじめる思考――「近代日本の文明史的位置」

「梅棹理論」への批判

こうした食い違い―不整合―混乱に加藤自身はすぐに気づいたのであろう。これに続く二、三の論文で加藤は少しずつこれを補完、修正していく。まず「近代日本の文明史的位置」(一九五七年三月)において。

周知のように、この論文は前の月に同じ雑誌(『中央公論』)に発表された梅棹忠夫の「文明の生態史観序説」への批判として書かれたものである。いわゆる梅棹理論とは何か。その核心は次の部分に見られる。

「わたしは、明治維新以来の日本の近代文明と、西欧近代文明との関係を、一種の平行進化とみている」

もしそうならば、日本の近代化は西洋化であるどころか、西洋文化の輸入とは無縁であったということになる。梅棹の出発点は、アフガンのテントの中である。旧世界を第一地域(西洋と日本)と第二地域(ソ連を含むアジア)に「バッサリ」分けて、日本を西洋と並ぶ高度な「文明国」とみるという「思いつき」から出発した。

「思いつき」に発するこの説が当時話題になったのは、一つには、マルクス主義の発展段階説にたいする有力な対抗理論と受け取られたからであろう。もう一つは、近代化＝西洋化とする近代主義への反発が根強かったからである。と同時に、五〇年代初頭からのナショナリズムの台頭（一九五〇年に朝鮮戦争が始まり、警察予備隊が発足し、再軍備の兆しが明らかになり、愛国心論議が盛んになった）と無関係ではなかった。じっさい梅棹説には近代化を根こそぎナショナリズムでからめとろうとする装置が仕掛けられているのだ。

この梅棹の発言に加藤はていねいに付き合っている。その一定の意義を認めながら、日本の近代化を、その原因と過程と結果という三点から検討し、梅棹説をやんわりと斥けている。三点に分けて論じているため論旨は重複しているが、結論だけを示せば次のようになろうか。⑴日本の「近代的市民精神」が西洋思想を媒介していないという議論には無理がある。⑵自覚的・反省的な次元で西洋化をはなれた近代化の形はない。学問・芸術の歴史は西洋化の歴史である。⑶ただ一つ、西洋から独立して発展した日本の「近代」は、都会の労働者の意識の変化、日本の資本主義機構そのものの中での「社会的経験の蓄積」である。

こうして加藤は、西洋化に還元されない近代化の最大の剰余を都会の労働者における「民主主義意識の萌芽」のうちに見て、これを育てることを戦後の日本の目的とする。それは西洋化を求めることではなく、「自立的な発展」を求めることである。それによって近代化＝西洋化とする〈近代主義〉と、これに対する反動としての〈国粋主義〉という「明治以来の悪循環」を断つ可能性が切り開かれると考えるのだ。

日本の大衆の精神構造

さらにこの論文は、梅棹批判とは別に、それまでの論を二つの点で先に進めている。一つは、「西洋文明に対する日本側の態度」をひとまとめにするのではなく、農村はどうだったか、都会の中産階級はどうだったか、都会の労働者はどうだったか、知識人はどうだったか、と、階層別に分析していることである。

もう一つ、「果して「断絶」はあるか」の中で、明治維新断絶説がとられる場合の理由の一つに、知識人における大衆との断絶があげられていた。そして、文化の持続の観念を回復するために知識人は大衆とのつながりを回復せねばならぬと説かれていた。「近代日本の文明史的位置」でも「われわれは、われわれ自身のなかにある大衆的な意識を拡大する必要があり、それを洗煉し、それに表現を与える必要がある」という文句が見いだされる。

問題はその大衆の精神構造である。加藤は、それを決定した歴史的な要因の詳述はいまできないとしながらも、万葉集の時代から今日にいたるまで大衆の意識の構造は変わっていないという見解を示している。そしてその内容として、第一に感覚的な「自然」を重視する美意識を、第二に価値意識が生活—人生を離れないという「超越的構造」の欠如をあげている。

こうした大衆の精神構造が、個人の尊厳、平等原則の上に立つ民主主義意識と容易に折り合わないことは明らかで、前者が後者の足を引っぱることは当然予測される。そこから加藤の苦しい結論が投げ出される。やってみなければわからない、と。いや、「われわれの側に主体的な要求のあること自体」その可能性を半ば証明している、と。「寛容と不寛容との区別のない一種の経験主義」を通じて「より高い生活程度」ではなく「より幸福な生活」を実現する道があるかもしれない、と。これは学問的分析というよりも信条告白というべきであろう。

「日本的なものの概念について」

次に発表された「日本的なものの概念について」(一九五七年八月)ではもう一つ修正がなされる。たとえば次の文章だ。

「日本文化の雑種的性格は、今に始まったことではない。すでに早く飛鳥《あすか》から江戸時代まで、明治以後より以前に、さらに徹底した形で存在したのである。雑種文化は、いつの時代にも常に日本の現実であった」

ここでは、文学も芸術も〈日本的なもの〉が雑種的として捉えられている。この視点から日本の文学、芸術における「美的範疇」を検討している。「いわゆる日本的なもの」(もののあわれ、わび、さび、枯淡）は限られた一面にすぎず、江戸時代の国学者の偏見と、世襲制度と文化の階級的独占によって成立したにすぎないとして、そのかわりに『今昔物語』や狂言を例にあげ、感覚的豊穣と実践的な論理、風刺的機智と心理洞察の才能、これこそ〈日本的なもの〉であるとする。そしてその背景には庶民―大衆―民衆があるとして、ここから、「日本的なものの概念を根本的に立て直す」方に大きく踏み出している。それは、「より普遍的な尺度を求めようとする試み」となるであろう。

議論の射程

この時期の加藤の論文を一点一点読みついでいくと、このように、空白を埋め、小さな修正を積み上げていることがわかる。また論文によって力点が異なり、ときには外からの批判への回答となっている。たとえば「近代日本の文明史的位置」について言うなら、梅棹批判であると同時に、竹内好からの批判――フランス留学以前の加藤周一を「優秀なイデオローグ」と呼びながら、その西洋文化の輸入の姿勢を「ドレイ根性」、「純粋他力」とした批判（「教養主義と文化輸入」一九四九年十月）――にたいする応答と考えられる部分がある（日本の近代化の「自主性」の強調、民族の文化の掘りおこしの必要）。ただ、雑種文化論がそもそも「信条告白」として出発し、包括的な理論として構築されたものでない以上、こうした修正はやむをえないことだった。

ただ佐藤泉が「挑戦者と普遍主義——加藤周一の竹内好論について」(『現代思想　総特集　加藤周一』二〇〇九年)で書いているように、もう少し視野を拡げて、雑種文化論を加藤における普遍主義の軌跡の中で捉えることもできる。他方、花森重行は同じ特集の中の「孤独の精神／開かれた言葉」において、フランスから帰国後の加藤の日本文化論が少しずつ変化していることに着目し、雑種文化論にいたる歩みを緻密に追っている。

いずれにせよ、あらためてこの時期の加藤の議論の枠組みを整理すると、次のようになろうか。

第一に、固有の意味での雑種文化論の骨子は最初に述べたとおりである。ただそれは日本文化の全体について言われているのか、それともある時代の文化、あるジャンルは除外して考えられているのかに揺れがある。それは〈日本的なもの〉についての揺れと対応していた。そこで〈日本的なもの〉という概念自体を明治以前の歴史にさかのぼって吟味し、これを〈雑種的なもの〉として立て直す作業がなされる。

第二。雑種文化論の中に組み入れられる形で出された近代化論について言えば、その骨子は、日本の近代化に明治維新による断絶はなく、日本の近代化は自発的であったという主張である。ただ日本文化の全体を雑種とする以上、西洋化を蒙りつつ、にもかかわらず西洋化に還元され得ない独自の発展の相を日本の近代化のうちから掘り出してこなければならない。しかも、近代化の主体が大衆―民衆である以上、その精神構造を問わねばならない。それは明治以前、また明治以後、外国文化との接触によって変化したのか、しなかったのか。ここにも加藤の説明には揺れがある。

　このように考えてくると、雑種文化論なるものは一種の〈つぎはぎ理論〉と言える。しかしまさにそれゆえに、次々と多様な問いを生み出し、その問いが次の段階の〈つぎはぎ〉を方向づけるという生産性を有している。実際、文学、美術、思想の三領域にわたる晩年の探求はこうした〈つぎはぎ〉に発していると言ってもよい。

戦後民主主義という根拠

最後に、私が初めて一連の雑種文化論を読んだときに覚えた疑問を出しておく。加藤は繰り返し西洋化と近代化との腑分けをしている。しかしそれにどんな意味があるのかということだ。そこには輸入された〈近代〉は駄目であり、伝統の上に立った〈近代〉だけが本物であるという〈自発性信仰〉があるのではないか。

　たしかに明治以来の西洋文化の輸入の歴史は惨憺たるものだった。文化の「外発性」にたいする不信は私にも了解できる。その不信は鷗外のものでもあり漱石のものでもあり荷風のものでもあった。さらに戦争中、〈西洋〉の洗礼をあびているはずの知識人が大量に日本主義に転向していった事実を目の前にすれば、この不信が増大するのは当然である。

しかし、加藤自身は少なくとも一時期、フランス文学、フランス思潮の有力な輸入者だったはずだ。何のために翻訳をし、紹介していたのかということになる。それにその後、「日本文化は雑種である」とぶちあげたときに、それはまさしく、〈近代〉であれ何であれ、文化の輸入の有効性を信じたからであろう。雑種文化論は〈自発性信仰〉のナショナリズムに対抗する思考装置ではなかったのか。

それにたいして加藤はこう答えたかもしれない。重要なのは認識のための認識ではない。そうではなく、この図式化がいかなる実践的展望を含み得るかだ、と。西洋化とかかわりのない〈近代〉の自発的形成を認めることは、戦後民主主義を理論的に救い出す試みだった、と。すなわち第一に、近代化(民主化)＝西洋化の等式(またはその変型としての民主化＝占領軍の押しつけ論)がまねきよせるナショナリズムの反動から。第二に、歴史の発展段階説に基づいて公式マルクス主義者からなされる「ブルジョア民主主義」という批判から。

すなわちこの時点で雑種文化論とは戦後民主主義とワンセットとなっているという以上に、前者は後者の方法的視点であり、後者は前者の実践的根拠だったのである。

3　日本の知識人を問う――「知識人について」「戦争と知識人」

知識人とは何か

一連の雑種文化論と思考を連動させながら、加藤周一はこの時期に、いくつかの知識人論を書いている。「知識人について」(一九五七年四月)はヨーロッパの知識人と比較しながら、日本の知識人の特徴を数え上げたものである。表面的な観察に基づく文章だが、数え上げられた幾つかの特徴(専門以外のものへの関心の低さ、社会問題について論ずるときの抽象性、教養の背景は国際的だが自国の文化に興味なし)は、六十年たった今日の知識人についてもほとんどそのまま認められよう。

他方、今日では変わったと思われる点が少なくとも二つある。一つは知識人の年齢について。加藤は日本の知識人が若いことをあげてそのプラスマイナスを論じているが、そのとき彼は知識人の中に学生を含めて考えている。しかし今日、知識人の中に学生を含めて考える議論は、知識人の定義の仕方にもよるが、通用するだろうか。学生は変わり、知識人は歳をとったのだ。

もう一つは社会の中での知識人の位置について。英国の知識人は社会の上層部とのつながりが強く、フランスの知識人は社会の下層とのつながりが強い。それにたいして日本の知識人は上層からも下層からも孤立している、という指摘について考えると、フランスについても日本についても事情は変わってきている。〈現実的〉知識人が政権の周辺に、上層部に群がっているというのが両国の現状で、共に英国型になりつつあるということだ。

「転向」を問う

一九五九年には「戦争と知識人」が発表される。具体的な何人かの知識人を例にあげて、彼らの戦争協力(非協力)の心理的構造を明らかにしようとした試みで、五〇年代半ばに出てきた一連の転向論(吉本隆明、花田清輝、鶴見俊輔)にたいする応答といった側面を持つ。

しかし、この文章を繰り返し読んでいるうちに見えてきたことだが、加藤の関心は、転向現象それ自体を解明するというよりも、転向を生み出した精神構造、日本的な精神構造とは何か、という点にあった。鶴見俊輔の場合、転向論の目的は、現代日本における自発的で生産的な主体の形成ということだった。そのために前代の転向体験を追体験し、そこからエネルギーをくみとってこようとする。それが鶴見の記述のスタイルを決定する。

ところが加藤には、前代における転向体験を追体験する、という発想はない。彼は分類し、分析する。ファシズムを積極的に支持していたグループ(日本浪漫派、京都哲学派)、ファシズムを否定していたグループ(永井荷風他)、ヒットラーを好きになれなかったという高見順を代表例とする中間グループ。

もっとも多くのページが割かれているのは高見順の『敗戦日記』である。なぜなら日本の知識人の圧倒的な多数がこの中間グループに属するからで、彼らの「思考の形式」、「感情の型」をあぶり出すには恰好の素材だからだ。そしてそこから、彼らにおいて「天皇・民族・国家をひとまとめにした「日本」を超えるどんな価値概念も真理概念もなかった」ことが確認される。

飛躍する視点

そこで問題は「なぜか」ということになる。

この「なぜか」を問うところで加藤には乱れがある。転向一般について、まず加藤は、転向の最大の理由は思想と生活意識との乖離であるとする吉本隆明の考えを受け継ぐ。ついでこの乖離の理由については、思想が外国から入ってきた輸入品だったからという丸山真男の説明を受け入れる。

さらに加藤はここにもう一つの理由を付け加える。

最初は、生活意識、とりわけ家族意識が日本の社会では必要であるから、ということが乖離の二つ目の理由とされる。ただ、よく考えてみれば分かるように、これは二つ目の理由というよりは思想が「輸入品」という一つ目の理由とひとつながりのものであろう。

ところが最後の箇所で、今度は大きく飛躍し、生活意識、家族意識ではなく、日本の知識人の精神構造が理由として持ち出される。彼はこう書いている。

「外来思想だから万事がそうなったのではなく、外来の思想を受け入れる側に、特定の条件があったから万事がそうなったのである」。そしてこう続ける。「特定の条件とは日本の知識人の精神構造の伝統的な型であって、その型をあきらかにするためには、昔にさかのぼらなければならない。昔とは『古事記』の昔である」

日本思想史の〈全体〉へ

私がこの文章を初めて読んだのはもう三十年以上も前のことだが、この箇所に来て唖然としたことを覚えている。転向を説明するためには『古事記』までさかのぼらなければいけないのか、と。ただそのときは、二つ目の理由とされるものが途中で大きくずらされていることに気がつかなかった。

この突然の展開をどう理解するか。もちろん、生活意識、家族意識がないと日本の社会では生きにくいからということと、日本人の精神構造との間にはたぶんつながりがある。まったく別のことを言っているわけではない。問題は力点の置き方である。『古事記』にさかのぼって考える必要があるかないかである。

私の説明はこうだ。「戦争と知識人」という文章は、そもそもは転向論として発想されたのだが、当時の加藤の最大の関心であった「日本的なものとは何か」という問いの方に引きずられていって、戦争期の知識人を素材とした日本人論となっていったのではないか……。じっさい、転向論としての独創性はここにはまったくみられないのである。また転向論にエネルギーをかたむけていた当時の筆者たちの共通の意識は、戦中の知識人たちのような転向を繰り返さぬためにはどのような主体形成をすべきか、という実践的な問いだった。ところが加藤のこの文章にはそれがないのだ。

その意味で一九五九年に書かれたこの文章は、二つの点において加藤の文筆活動の分岐点をなす、と私は考える。一つは、戦後の加藤の文章を活気づけてきた日本社会の変革という実践の視点が弱まり、観察の視点が強まったことである。もう一つは、一連の雑種文化論がその後の思考の展開をすでに予示していたが、この文章ははっきりと、日本思想史の全体と向きあう姿勢を鮮明にしていることである。

第五章　一九六〇年代——外からの視線

1　助走の時代——「親鸞」「日本文学史の方法論への試み」

文学概念の拡張

日本思想史の全体に向きあう、という決意表明はほどなく実行に移される。一九六〇年代、加藤周一はカナダのブリティッシュ・コロンビア大学に職を得、以後九年、ヴァンクーヴァーにあるこの大学で日本思想史、日本文学史、日本美術史を教えることになる。一九六〇年代は後年の三大著作へ向けた助走の時代であり、何よりも方法論が確立されていく時代であった。

文学史について言うなら、この助走は「文学の概念と中世的人間」(一九五八年)によってすでに始まっていた。ここで加藤はまずヨーロッパの文学史との比較の上で日本文学史の対象とされている文学の概念が狭く、仏教的著作、思想的著作が除外されていることに疑問を投げかけている。ではどうしてそうなったのか。理由としては、第一に本居宣長らの国学の影響、第二に明治以後の西欧文学の受け取り方（十九世紀末西欧文学の影響）、第三に漢文が日本文学とみなされなかったこと、という三点をあげている。

ついで中世に実例をとり、文学の概念を拡張することがいかに重要かを示すべく、中世—十三世紀に固有の人間像はどの作品に見られるかを問うていく。結論はこうだ。それは『方丈記』にではなく、『歎異抄《たんにしょう》』においてであり、『正法眼蔵随聞記《しょうぼうげんぞうずいもんき》』においてである、なぜなら鴨長明の作品にあるのはそれがどんなに見事に書かれているにせよ「無常感」、自分の体験の要約にすぎない。それにたいし、親鸞《しんらん》と道元《どうげん》のそれには「もう少しましな人間学の展開」、人間の行為の善悪をどう考えるかについての深い思索がある、と。

親鸞と道元の違いについても触れられている。両者はともに外部の善悪の基準を否定した。親鸞は善行に救いを求めず（「善人なをもて往生をとぐ、いわんや悪人をや」）、念仏による救いを説いた（他力本願）。しかし念仏を唱えるだけでは善悪の基準は「我」の主観性に解消される。道元は「仏祖の言語《ごんご》行履《あんり》」という伝統主義に返ることによって今度は「我」を否定し、この二重の否定によって善悪を客観化した、というのだ。

カナダに行く前に発表された「親鸞」（一九六〇年）は、この「文学の概念と中世的人間」と、前章でふれた「果して「断絶」はあるか」（一九五六年）の二論文につながる文章である。ここで新たな問いが立てられている。後者において加藤は、仏教渡来以前の日本には超越的な彼岸思想がないことに注目していたが、もしそうだとすれば、日本固有の此岸的世界観が仏教―シナ文明との出会いから何を受け取り、それによって何が変わったか、超越的世界観が仏教をとおしてどれだけ日本の土に根づいたかが問題となるはずだ。それは一連の雑種文化論をとおして立てられた「日本的なものとは何か」という問いと重なってくる。

十三世紀という転換期

加藤が「文学の概念」について語りながら、古代でなく、江戸時代でなく、「中世的人間」、十三世紀を持ち出すのは、この時代が、歴史の大きな転換期にあたると考えるからだ。

というのも、十三世紀以前、仏教は美術においても文学においても「日本固有の信仰のつくりあげてきた世界観」を揺り動かすことはなかった、仏教からやってきた「無常感」にしても（『徒然草』『方丈記』）、超越的思想の出発点にはなり得ても超越的思想そのものではなかった、ところが十二世紀末から十三世紀にかけて現れた法然《ほうねん》、親鸞、道元、日蓮《にちれん》をとおして、「はじめて日本の大衆は仏教の本質――単に現世的・呪術的な面ではなく、彼岸的・宗教的な面での本質――に触れることになった」。

仏教の直輸入ではなく、仏教の日本化でもなく、「日本仏教」の成立。これが「中世」、十三世紀なのだ。その内容は「仏教の大衆との接触」「その教説の内面化」「信仰の超越性の自覚」

という言葉で示されている。

では、なぜ十三世紀前半にこうした「宗教的天才」、「思想的天才」が現れたか。これが論考「親鸞」で出されている第一の問いである。加藤はそれを歴史的事件から説明しようとする。源平の争乱による古代国家の崩壊、武家による封建制の確立、「兵火と疫病と強盗殺人、ありとあらゆる動揺と有為転変」、この時代は個人の人生の「はかなさ」、「無常」を痛感させたが、それだけではない、「歴史的な意識」を生み出した、と。そこに法然、親鸞の出現の必然性を見る。彼らは歴史を「末法」として意識し、人生の無常をつきつめ、個人の救済の場を「来世」に求め、「念仏往生」を説いたのだ、と。こうした歴史的説明は『日本文学史序説』においてさらにくわしくなされるが、論理の骨格はそのまま受け継がれていく。

親鸞への共感

法然も親鸞も、超越的な浄土《じょうど》思想という点で、土着信仰と結びついて国教となった仏教(天台宗)と鋭く対立した。ところで彼らの仏教は大衆と触れることによって日本人の世界観を変えたのか。変えた、しかし決定的には変えなかった、これが加藤の考えである。それはなぜか。

一つの答えはその後の時代の社会秩序の安定化。もう一つの答えは鎌倉仏教の影響範囲が限られていたこと。だがどちらも外からの社会的説明で、加藤はこの二つの説明では十分でないと考える。変化が深くなく元に戻った理由は、「思想の論理的構造」にもあったのではないかと。そこから『歎異抄』の分析へと入っていく。

読者はここで、親鸞にたいする加藤の並々ならぬ共感を発見するであろう。何にたいする共感か。何よりもその平等思想にたいする共感である。念仏を唱えれば往生するというその教義はわかりやすい。しかしそれだけで浄土真宗が大衆に広まったのではない、現世の身分にかかわらず、精神的な平等を徹底させ、社会的な面での差別を越えようとしたからこそ、貴族社会の外にある大衆の支持を得たのだ、と。

読者はまたここで、親鸞の思想のうちに彼の個人的体験を読みとろうとする鋭い眼を発見するだろう。『歎異抄』の一節を引きながら、そもそも信仰とは何にもとづくのか、と問いかけている箇所である。

「念仏は、まことに浄土にむまるゝたねにてやはんべるらん、また地獄におつべき業にてやはんべるらん、総じてもて存知せざるなり」

念仏を唱えたとて浄土に行けるとはかぎらない、地獄へ堕ちるかもしれない、信仰にはなんの保証もない。阿弥陀《あみだ》と人間の関係は不合理である……問題はそれに続く次の箇所の解釈だ。

「たとひ法然聖人にすかされまひらせ〔だまされ〕て、念仏して地獄へおちたりとも、さらに後悔すべからずさふらふ」

阿弥陀と人間の関係だけでなく、法然と親鸞、一般に人と人との信頼関係もまた不合理であり、人を信ずるのはだまされる覚悟をするのと同じことである、信ずるか信じないか、人間関係は二者択一としてあらわれる……。

このようにこの一行を広げて解釈したあと、加藤はここに、親鸞と女との関係を読み取ろうとする。親鸞は一度ならず妻帯した。そしてこの世の「悪」、感覚的世界に生きがいを覚えていた(「僧侶が一人の女と寝れば、また別の女と寝ないという理由はない」?!)。だからこそ地獄に落ちても後悔しないと言えたのだ、そのように「人情」が激しい人間だからこそ、「人情」を越えるために阿弥陀の「他力」を必要としたのだ、「悪人正機《しょうき》」とは彼自身のことだ、と。親鸞にたいする共感は、こうした人間くささにも向けられている。

親鸞の限界

ではなぜ法然や親鸞の仏教が、日本人の世界観を決定的に変えることはなかったのか。親鸞においては、他力はあるが自力がない、自由意志がない、「善悪は宿命できまる」、これは宿命論だ、否定の論理は鋭かったが肯定の論理は欠如していた、要するに、「人間的な世界での倫理の内面化が行われなかった」。これが伝統的現世主義を打ち破れなかった理由とされる。親鸞の限界については、道元との比較において「文学の概念と中世的人間」の中ですでにちらりと触れられていたが、ここではそれがさらにくわしく述べられている。

かくして結論は、十三世紀、超越的な思想がはじめて日本の思想に入ってきたにもかかわらず、それは日本人の精神構造を変えなかった、ということになる。ここにいたる結論は、早くから十三世紀の鎌倉仏教に注目していた加藤のうちに徐々に形成されていったのだろうが、「親鸞」という論文の重要性は、十三世紀以前とそれ以後という大きな断層をはっきりと確認し、これによって『日本文学史序説』の構成をほぼ決定したことである。

文学概念の拡張

これ以後加藤は「宇津保物語覚書」(一九六二年)、「日本文学の伝統と「笑い」の要素」(一九六六年)、「徳川時代の偶像破壊者・富永仲基」(一九六七年)を次々に発表する。またここでは取り上げる余裕はないが「茶の美学」(一九六三年)、「日光東照宮論」(一九六五年)、「仏像の様式」(一九六七年)など、『芸術論集』(一九六七年)に収められた日本美術についての文章を書きついでいく。各論から総論へ、これは文学史や美術史を書く人の常道であるが、総論へ向かう助走はスピードを早める。そして書かれたのが原文がドイツ語の「日本文学史の方法論への試み」(発表されたのは一九七一年だが、おそらく六〇年代末に書かれた)である。

方法論とされるものの内容は二点ある。一つは文学概念を拡張すべきこと。これは前出論文と重なる。ただ小さな違いがある。日本文学史の中で文学概念が偏ったことの理由である。以前には、思想的作品が漢文によって書かれていた、という理由が記されず、儒学によって詩文のみが評価された、という理由があげられていた。これを考えの変化と見るべきかどうか。

おや、と思うのは、第二次大戦後、文学史の領域を拡張しようとする新しい傾向が生じたと述べている箇所である。「精神史への関心に目覚めた若い文学史家や批評家達」と書いているが、誰のことを考えていたのだろうか。いかにも外向けの文章なのだが、これは客観的な事実だろうか。そのような動きがあったのかどうか、現在の私にはつまびらかにすることができないが、これはどうも加藤自身のことを言っている気もする。こうした新しい傾向が生じた理由について述べた次の箇所もそうだ。

「知識人にとっては、戦時中の文化政策に由来する日本精神史の全体像の歪みを訂正することが、焦眉の課題であった。また、敗戦の悲惨な結末の原因を、単に政治・社会的状況からだけではなく、わが国の精神史そのものから解明し、社会に於る文学の役割をあらためて明確なものにしたいという動機もあった」(傍点引用者)

「知識人にとっては」という言い方はどうか。もともとドイツ語の学術論文として書かれたということで、全体に客観性の衣をまとっているのだ。最初から日本語で書いたならば、決してこういう文章にはならなかっただろう。それに続く箇所も同様である。

「更に、戦後のわが国の指導的知識人が当然手をつけねばならぬ仕事としてあったのが、占領軍によって実施された社会の制度およびイデオロギー上の改革に対して、日本の文化的伝統に新たな照明を与え、当時希望をかけられたように、新しきものと古きものとの綜合から、民族のアイデンティティを再発見することであった」(傍点引用者)

いま傍点を打った部分は「私」と置き換えることができるだろう。この一節は加藤が『日本文学史序説』に取りかかる秘かなモチーフを語っているようにも読める(ただ日本語で書いていたなら、彼は決して「民族のアイデンティティを再発見する」などとは記さなかっただろう)。これに続く次の一節は、そのことを更に明瞭に示している。

「このような前提のもとで文学批評がまっさきになすべきことは、戦時中に利用された国学を客観的にみなおし、儒学の伝統を再吟味し、わが国の文化史に占めた仏教の役割を明確に捉えなおすことであったろう」(傍点引用者)

「文学批評」という言葉を「私」に置き換えれば、そのまま加藤文学史の序文に置くこともできるだろう。

文学概念を拡張したとき、文学の定義はどうなるか。加藤はここで彼自身の定義を出している。「文学とは、現実の特殊な相を通じてある普遍的人間的なるものを表現する言語作品である」。これは、文学を「独白的(特殊的)普遍」としたサルトルの定義にほぼ等しい。たしかにこの定義によって文学概念は拡大され、しかも学問とも私的情報とも区別される。

三つの区分

方法論の二つ目は、日本文学の流れを外来イデオロギーとの関係で三つに区分していることだ。第一に「外来イデオロギーの影響を強く受けた知識人の文学」、第二に「その影響をほとんど留めぬ大衆的文学」、そして第三に「土着の伝統的世界観と外来イデオロギーの綜合からなる新たなもう一つの文学」。これは「文化エリート」によって書かれているが「ある程度までは大衆の生活感情をも表現している」とされる。

もちろん、こうした区分だけで長い時代にわたる文学史のすべてが説明され得るわけではなく、いくつかの言葉の補助線が引かれている。たとえば第一の文学と第二の文学は相互に影響を及ぼし、外来イデオロギーの日本化が生じたこと。またこの日本化の過程も時代によって異なっていること。なぜなら第一の文学の作者たちの出身階級が貴族から武士、僧侶を経て町人へと、そして近代の中産階級へと変化しているからだ。

このように、文学概念の拡大と日本文学の流れの三つの区分、この二つが、一九六〇年代の終わり近くに書かれた論文で方法論として出されている。しかし実は、ここでは持ち出されていないが、加藤の方法論としてあげるべき点がもう一つある。それは、芸術(家)がどれだけその時代の社会に組み込まれているか、どれだけ社会から疎外されているか、という視点で、これは「芸術家と社会」（一九六六年）の中で論じられている。そしてここでも鎌倉時代は芸術家が社会から疎外されている時代として、前の時代の平安時代とも、十七世紀半ばの芸術家が社会に組み込まれた時代とも区別されている。

付言すると、本節で示したことに関して私の疑問は二点ある。いずれも私の知見では解きがたいものなので、識者に御教示いただければ幸いである。一つは親鸞の宿命論を、加藤はパスカルに、さらにはジャンセニスムの宿命論に近づけて考えているが、この比較はどこまで妥当なのか。二つ目は加藤は、法然、親鸞、道元、日蓮らの鎌倉仏教を、それ以前の仏教とはっきり区別し、その相違を「超越思想」という言葉で説明しているが、これは妥当なのか。

2　『三題噺』の位置――「詩仙堂志」「狂雲森春雨」「仲基後語」

ユニークな小説

六〇年代中葉、カナダ滞在時代に、加藤周一は日本文学の研究のかたわら三つの〈小説〉を発表している。「詩仙堂志」（一九六四年）、「狂雲森春雨《くるいぐもものはるさめ》」（一九六五年）、「仲基後語《なかもとこうご》」（一九六五年）である。それぞれ、石川丈山《じょうざん》、一休宗純（狂雲《きょううん》）、富永仲基という三人の詩人、学者を対象とした一種の伝記だが、そのユニークな手法において、たしかに〈小説〉ないしは〈フィクション〉としか言いようのない作品である。

何がユニークか。二点ある。伝記であることは間違いないが、彼らの人生の全体を語ろうとしているのではなく、それぞれ力点の置き方に違いはあるが、人生の一面を明るみに出そうとしていること。第二に、形式がユニークである。「詩仙堂志」においては〈私〉と〈老人〉の対話、「狂雲森春雨」においては女のモノローグ、「仲基後語」においては富永をはじめ家族や周辺の死者を霊界から呼び出して〈新聞記者〉がインタヴューをする、とそれぞれ異なる形式をとっている。

世捨て人、石川丈山

第一の話は春の詩仙堂を〈私〉が訪れるところから始まる。庭園論かと思うとそうでない。どこからともなく現れた老人と、この堂に三十年住んでいた十七世紀の世捨人、詩人石川丈山についての対話が進行する。〈私〉は丈山についていくつかの問いを抱いている。武の才にも文の才にも恵まれていたにもかかわらず、丈山は仕官の道を捨ててなぜ山奥にこもったのか。徹底した人間嫌いだったのではないか。生涯妻を持たなかったが、女に関心はなかったのか、と。

老人によれば、丈山はかつて美少年を愛したことがあり、その美少年が丈山も面識のあった奥女中と通じたために二人とも斬殺されたという。これを聞いて〈私〉は、丈山の女嫌い―人間嫌い―隠居生活という一筋の解釈を示すが、老人はこうした解釈を斥ける。「係累を求めず」であって、それは人間嫌いとは違う、と。

丈山は俗世間での出世はもとより、政治も歴史も文化も自分の人生より上に置かなかった。庭を掃きながらの詩仙堂での春の一日にしくものは何もなかった、詩をつくったが、それは暮らしの一部であるかぎりの制作だった……こういう老人の言葉が少しずつ〈私〉の中で説得力をもってくる。それでも最後に「しかし石川丈山は庭をつくった。その庭は今でもここにある」という悲鳴のような言葉を〈私〉は発するのだが、老人はこう答えて突き放す。

「たしかに今も庭がある。〔……〕ということも、今では、丈山と何の関係もない。丈山はもういない」

丈山が体現しているのは、生活の芸術化であり、これを支えているのは無常観である。それは日本の文人の伝統でもあるだろう。

一休宗純を描く

第二の話は、晩年の一休宗純（狂雲）の愛人であったとされる盲目の森《もり》の短いモノローグをとおして、狂雲の人柄をあぶり出させようとしている。

森は湯ぶねの中にいて自分のなめらかな肌を手の指でたしかめている。その指が相手の指のように思われてくる。森は湯の中で官能の疼きを想い出している。身も心もとろけていくような夜の営みを想い出している。また「有徳の人を罪におとす」ことの恐ろしさからいったんは家を出て身を隠したこと、しかし再び探し出されて、「人の指の這いまわり唇のぬるぬると濡らすままにじんじんと痺れてゆくのに任せ」る（傍点引用者）ようになる。

これは一種のポルノグラフィーで、そこから浮かびあがってくるのは「ねちねちと浅ましい夜の人」の姿だが、それだけではない。「五山に背き、大徳寺にかえらず、山城の一揆に及べば百姓どもに味方して代官とさえ争う」『狂雲集』の著者の生涯がさりげなく喚起されている。また、「森よ、情愛深ければ畜生道はこの世の道じゃ、色界なければこの世なし、この世なければ命なし、命なければ仏道もなし」といった屁理屈ないしは正論が拾い出されていて、一休という禅師の思想にも触れさせてくれる。

平安朝の日記をモデルとしたのだろうか、全体が息の長い和文で書かれ、著者もあとがきで記しているように、文の途中で自在に主語が入れ替えられている。また傍点を打った箇所に見られるような擬声語が多く用いられているのが特徴である。加藤は一休に並々ならぬ関心を寄せ続け、やがて一休論、「一休という現象」（一九七八年）を書くことになる。

富永仲基へのインタヴュー

第三の話はフィクションであるとしても、もっとも〈小説〉からは遠い作品である。というのも、富永仲基については多くの資料が残されており、これらの資料を頭に入れた上で筆者は〈新聞記者〉に変装してインタヴューをしているからだ。

仲基の人となりについては、家族の証言はほぼ一致している。読書家であったこと、そのために「怪物」と言われたこと、身体が弱かったこと、いつも醒めている人だったこと、理詰めの人だったこと、頑固だったこと、凝り性だったこと、父親との争いはたえなかったが母にはかばわれたこと、働きながら一家を支えたこと、冷たく見えるが本当は優しかった人だったこと等々だ。

しかし、新聞記者に化けた加藤周一が本当に聞き出したかったのは、つまり読者に伝えたかったのは、そういうことではないようだ。対話はだんだんと失われた作品、幕府の圧力を受けて版木を破棄された作品『説蔽《せつへい》』とは一体どんな作品だったのか、なぜ世間にとって有害であると判断されたのか、出版された他の二著との関係はどうだったのか、という点に集中していく。そうなると、仲基本人を冥界から呼び出してインタヴューする以外にはない。

というわけで仲基へのインタヴューが二回さしはさまれている。一回目のインタヴューでは仲基の用いる「仏道のくせ」、「儒道のくせ」という言葉に注目して、「日本人のくせ」を説明させようとする。しかし三十歳でこの世を去った仲基にはそれを論じる時間はなかった……。言うまでもなく、加藤における「日本的なものとは何か」という問いは、仲基の「くせ」論の延長上にあるものだ。仲基への二回目のインタヴューでは、一つ一つの問いに注文をつける仲基の理屈っぽさが読者に感じられるような問答になっている。しかし新聞記者は次第に攻撃的となり、仲基の言語観について、美について、感情について問いつめながら、知性主義者仲基の像を鮮明にしていく。

仲基に対する二つのインタヴューの間におかれている二人の同時代人、安藤昌益《しょうえき》と三浦梅園《ばいえん》へのインタヴューでは、新聞記者は今度は仲基に批判的な二人に対して擁護にまわる弁護人の役割を果たしている。仲基は農民と共に生きることなく仏教文献を読んでいただけの体制維持の儒者にすぎない、と断ずる『自然真営道《じねんしんえいどう》』の著者昌益に対しては、仏教文献を読むことによって『出定後語《しゅつじょうごご》』が書かれ、日本思想史の方向ができたのだと答える。仲基は「天地自然の構造をあきらかにするということがなかった」と世界観の体系の欠如を批判する梅園、『玄語《げんご》』の著者にたいしては、仲基は哲学者ではなく歴史家であって、歴史を理解する理論的枠組みを構築したのだと答える。新聞記者がいつしか衣を脱いで加藤周一がぬっと姿を現してくるくだりだ。

三作品の中で〈小説〉として最も成功しているのは「詩仙堂志」であろうか。老人がいつしか石川丈山と重なってくるところがいい。もっとも〈小説〉から遠いのは「仲基後語」だが、知的対話として読むと実に読み甲斐のある作品となっている。

あり得たかもしれない自分

ところでこの『三題噺』を一九六五年に単行本として出したときに著者は「あとがき」を付し、そこでこの三つの話は相補って一巻を成すものだ、と記している。すなわち「詩仙堂志」は日常的人生に徹底した男の話、「狂雲森春雨」は官能的人生に徹底した男の話、「仲基後語」は知的人生に徹底した男の話で、それぞれに「絶対に孤独な人生の極限の姿」であり、それぞれの立場は「非還元」的である、と。そして加藤にとっての「孤独な自我の世界」は「三つの究極的な立場相互の緊張関係の上に成立する」と。

ついで、なぜ伝記でなく小説か、についての説明をしたあと、それぞれの〈小説〉を書くにいたった著者の心の動き、心の風景を、青年期にさかのぼって述べている。石川丈山に託したのは、一休宗純に託したのは彼自身の夢であった、と。また富永仲基に託したのはカナダ時代の知的冒険への夢であった、と。

この三題噺がなぜ相補って一巻を成すのかの説明はこれで十分であろう。「遂げ得なかった私の望みは三つあり、三つしかなかった」という言葉は割引きして考えねばならない。また富永仲基にどれだけ自己を投影しているかについても留保を必要とする。ただ、著者の意図としては、あり得たかもしれない自己の人生を描きたかったということであろう。

たしかなことは、カナダ時代、四十代半ばをむかえた加藤周一に〈自己への回帰〉があったということだ。あり得たかもしれない人生を想像の中で思いきり描いた後に、新たに描くべきは実際にあり得た自己の人生の物語ということになる。この『三題噺』もまた『羊の歌』へと向かう〈助走〉であると言っていいかもしれない。

3　『羊の歌』をどう読むか

『言葉』とのささやかな比較

『羊の歌』は一九六六年十一月六日号から「朝日ジャーナル」に連載された。この日付けに注目したい。一九六六年の加藤周一は四十七歳、自伝を書くにはすこし早すぎるのではないか。たしかにカナダ時代、時間的・心理的余裕があったのだろう。日本との距離も作用したかもしれない。加藤は自分を振り返る時代に入っている。それが『三題噺』を生み出した。しかし、自伝となるとどうか。どういう心の動きから自伝執筆に向かったのか。

その動機は、サルトルの自伝『言葉』を読んだこと、と私は推測している。『言葉』は一九六四年に発表され、周知のとおり、この作品によってサルトルはこの年のノーベル文学賞を与えられた(ただしサルトルは受賞を拒否)。日頃からサルトルに関心を抱いていた加藤がこの傑作をすぐに読んだであろうことに疑いはない。そして、そのときおそらくすぐに彼自身の自伝を書く決意をした、というのが私の推測である。

というのも、まず『言葉』の冒頭と『羊の歌』の冒頭とがあまりにも似通っているのだ。サルトルは父方の曽祖父の話から始め、加藤は母方の祖父の話から始めているが、それぞれの書き出しの一行はこうだ。

「一八五〇年ごろ、アルザス地方で、ひとりの小学校教師が子供の相手にうんざりして、食料品店になることに踏みきった」

「前世紀の末に、佐賀の資産家のひとり息子が、明治政府の陸軍の騎兵将校になった」

ついでサルトルはすぐに祖父に話を移す。シュヴァイツァー博士の兄であるこの祖父がドイツ語の教師になったこと、結婚をして従順な妻に四人の子供を生ませたこと、美しく成長したその末娘がペリゴール地方出身の海軍士官と出会って結婚をし、すぐに子供を生んだこと。こうしてジャン゠ポール少年が本の中に姿を現す。

周一少年の登場の仕方もこれに似ている。祖父は一男三女をもうけ、娘たちを学習院やカトリックの雙葉高等女学校に通わせる。この二番目の娘が埼玉県の大地主の次男の医者と結婚して二人の孫を得る。その一人が周一少年というわけだ。つまりどちらの自伝も、冒頭の数ページの主人公は祖父であり、自伝の筆者はまず〈孫〉としてこの本の中に存在させられている。

二人とも幼年期の記憶の中に祖父が大きな位置を占めているのは、一つには環境のせいである。両者ともに幼い頃、祖父と同じ家で暮らしていた。サルトルの父親は子供をつくってほどなくこの世を去った。そこで母親は生まれたての息子を連れて実家に身を寄せることになる。周一少年の場合、東京渋谷の祖父のお屋敷が広かったためだろう、両親が同じ敷地に同居していた。二人の祖父はともに一種の暴君で、ともに女たちにかしずかれていた。しかし女たち（祖母、母親）が舞台の前景を占めることは稀で、周一少年の祖母などは書物の中で不在に等しい。これにたいして、どちらの作品においても、祖父の肖像はしっかり描かれ、彼らの言動はこまかく書き留められている。

田舎の思い出、妹への愛情

似たテーマも少なくない。たとえば〈自然〉のテーマ。都会の子、石の家の中の書斎での遊びがすべてであったジャン＝ポール少年は、〈自然〉から遠いところに暮らしていた。花も鳥も蝶も猿もまず書物の中の存在だった。田舎に行ったことがないわけではないだろうが、『言葉』の中にその思い出はない。

周一少年には田舎の思い出がある。関東平野にある父の実家を何回か訪れている。少年はこの旅を楽しみにしていたようだが、田舎を好きになった気配はない。記憶の中にある田舎とは「藁と肥料の匂いの混り合った独特の土の香り」であり、「東京の人」であることを発見させてくれる村の子供たちの「視線」であり、絞め殺され、頭を切られたあとでも動いている鶏の頭であり、大地主の家でひらかれる宴会での小作人たちの生態である。

田舎についての二人の文章を一つずつ引いておく。

「私は土をほじくり返したり、鳥の巣を探し歩いたりしたことは一度もなかったし、植物採集をしたことも、鳥に石を投げたこともなかった。しかし、本が私の鳥であり、巣であり、家畜であり、家畜小屋であり、私の田舎だった」

「小学校へ行って本を読むようになった私は、その二十畳敷きの座敷で〔……〕ただひとり、ながい間本を読んでいたことがある。わざわざ田舎まで出かけていっても、杉の林のなかで蕈《きのこ》を探したり、竹藪で竹ノ子を掘りおこしたり、畦道で蛙を捉えたりするよりも、はるかにおもしろい世界を私は本のなかに見出そうとしていたのである」

もう一つ似たテーマがある。それは母親、妹にたいする感情である。サルトルには妹はいなかった。しかし妹がほしかった。そこでどうしたかというと、若い母親を妹がわりにしたのである。そしてそこには、サルトル自身認めているように、近親相姦的な感情が入り込んでいる。

加藤には母と妹がいる。そしてこの両者をともに愛している。ときには同一化していたかもしれない。周一少年は中学の最終学年から、毎年のように妹と二人で夏休みを信州追分で過ごしている。二人は「恋人たちのように、寄添いながら、人気ない野原」を散歩している。この二人だけの高原の夏の生活を思い出しながら、加藤はこう書いている。「もし私がこの世の中でひとりでないとすれば、それは妹がいるからだ、と私はそのときに思った。私は高原のすべてを愛していたが、それ以上に、妹を愛していたのだ」

並々ならぬ愛の告白ではないか。それを近親相姦的感情と言うべきか否か、私にはわからないが、サルトルの場合がそうであったように、加藤周一の場合も、それ以後の女性たちとの交わりに、この感情が影響を及ぼしているかもしれない（一高時代には「妹に」と題したソネット形式の詩を二つ書いている）。

文体の類似

加藤はまた、文体上の影響を『言葉』から受けていると私は考える。自伝の文体を作り出す第一の要素は、対象となっている過去の〈私〉にたいする現在の〈私〉、書いている人が取る距離である。この距離が十分でないと自伝はナルシシズムに傾く。ルソーの『告白録』はしばしばナルシシズムの中にすっぽり落ち込んで、それはそれとして面白いのだが、ときにはうんざりもさせられる。

『言葉』にはそれがない。もちろん自伝にナルシシズムがないわけはないのだが、サルトルの場合は反―ナルシシズムと言おうか、〈自虐のナルシシズム〉という言葉を使いたくなるほど自分に距離を置いている。自分をどのような言葉で紹介しているか、いくつかを挙げる。「文化財」「道化」「スノッブ」「ぺてん師」「ひき蛙」といった具合だ。それはまた幼年期、子供時代という季節をどう見るか、という人間観にもかかわっている。少なくとも、無垢な幼年期などというものをサルトルは信じていないのだ。

加藤もできるだけ過去の〈私〉と距離を置こうとしているが、自虐というところまではいかない。ときとしてナルシシズムがふと現れ、詠嘆にふけることもある。

そして、そこからが違いということになるのだが、『言葉』のテーマはあくまでもジャン＝ポール少年がいかにして作家サルトルになってしまったか、にしぼられている。第一部が「読むこと」、第二部が「書くこと」と題されているように、読むことから書くことにいかに移行していったかが最大のテーマなのだ。そしてこの自伝は十二歳前後で打ち切られている。

これにたいして『羊の歌』は、「続」を含めて、後に述べるように自己の全体化の試みであって、必ずしも作家の誕生が主たるテーマではない。そこから幼年期にたいする見方も違ってくる。祖父の計画にまんまとしてやられ、書くという「神経症」の中に追い込まれたというサルトルの〈自虐〉的回想からは遠いところにいる。

それはまた方法の違いでもある。実存的精神分析の提唱者であるサルトルは当然自分にたいしてもある程度これを適用している。これに対して加藤にはこういう方法はなく、その分だけ幼年期の解釈はラフになっている。

私自身の読み方

『羊の歌』の前半は第一に、戦前の中産階級、それも上の方に属する都会の中産階級の息子の自我形成の物語である。近所の子供たちとの距離、田舎の少年の視線、こうしたことをとおして〈観察する人〉としての周一少年が形成されていくさまが巧みに語られている。ちなみに、私自身の家庭はやはり都会の中産階級、ただし下の方に位置するサラリーマン家庭であったが、十五年ほど時代はくだっているものの、近所の子供や田舎の少年との違和感という点で周一少年にほぼ同一化し得る。私もまた〈観察する人〉として形成された。違いは、私の場合は兄が二人いたこと、疎開のために田舎での生活を強制されたことであろうか。

ただ不思議に思われるのは、前にもふれたように、中学時代に一人として友人がいなかったという記述である。じっさいこの箇所には、後に友人になった矢内原伊作以外にたった一人の生徒の名前もあげられてはいない。あるのは教師たちのカリカチュアだけだ。もっとも多感であったはずのこの中学の五年間に何があったのか。少年は飛び級をして中学に入っているから、同級生よりも一つ年下だ。それが影響を及ぼしたかもしれない。しかしそれだけだろうか。

その五年間の学校以外での生活を振り返りながら、加藤はこう書いている。

「五年の間、西の空の夕暮を眺めることは、雨の日を除いて、私のほとんど欠かしたことのない日課であった。五年間に私の感覚がうけとったすべてのもののなかで、いちばん美しく、おそらくいちばん深く私を養ったものは、道玄坂の上の西の空であったかもしれない」

ここで語られているのは、ある種の美的感覚の目ざめなのだろうか。しかしその次の箇所に「五年間の空白は、平河町の学校にだけあったのではない」という奇妙な一行が記されている。これは何か。学校外の生活、家庭内の生活についても問題があったということか。次の節「反抗の兆」で彼は、「つまらぬ小説」に凝っている息子を非難する父親との衝突を語っている。またそのあとでは「周囲の社会のあらゆる面に不満を感じていた」らしい父親の姿をそれとなく読者に知らせている。

ここでも私は想像をふくらませるのだが、この時期に、父親との決定的な断絶が生じたのではないか。すでに記したように、『ある晴れた日に』の中に主人公の父親は不在である。父親がいるのかいないのかさえ語られていない。『羊の歌』でも二・二六事件以後、父親は二度と姿を現さなくなるのだ。

戦中戦後を活写

第二に、『羊の歌』は、両大戦間の日本の文化風土についての証言ないしは戯画となっている。「沢山の翻訳文学と、印象派以後の絵画の複製と、ドイツ浪漫派の器楽」、さらに楽隊付きの活動写真館、片山敏彦らの「星たち」の世界、「羽左衛門の歯切れのよい巻舌」、築地小劇場での『どん底』『桜の園』『北東の風』『火山灰地』の上演、原智恵子、井口基成、安川加寿子の演奏会……。こうした文化風土のいくつかは、戦後にもそのまま息を永らえている。夏の休みに追分の油屋に、旧制高校や大学の学生が長期間泊まり込んで勉強するという独特な風習はいつ始まったのかは知らないが、戦後もしばらく続いたはずで、五つか六つ年上の最後の旧制高校出身者の話を私は何となくうらやましく聞いていたことを覚えている。また、五〇年代の学生だった私は、『どん底』も『桜の園』も『火山灰地』も観ている。当時の「新劇」の舞台に立ちこめていた熱気は、おそらく暗い谷間の時代をくぐり抜けてきた芸術家たちの思いから発散されてきたものであろう。

この時代の知識人の生き方についての、決して詳細ではないが心に残る証言もある。片山敏彦、神田盾夫、渡辺一夫についてはすでに記した。歩きながら本を読んでいたという英文学の中野好夫、信濃追分の近くで世捨人のように「穴居生活」をしていた尾崎行輝の肖像、仏文研究室の主任教授辰野隆の豪放かつ繊細な語り口。中でも秀逸なのは、旧制一高での講演会のあと、座談の席で学生たちにつるしあげられ怒りを爆発させる横光利一の姿である。それにしても「ヴァレリーもフランスでみそぎをしている」という横光の発言はひどすぎる。しかしそれはたぶん横光一人のことではなかったのだろう。

第三に、戦争直後の東京市民の「不屈な生活力」についての描写がいい。そして次の一文だ。「焼け跡の東京には見せかけの代りに、真実があり、とりつくろった体裁の代りに、生地のままの人間の欲望が——食欲も、物欲も、性欲も、むきだしで、無遠慮に、すさまじく渦を巻いていた」(『続　羊の歌』)

一九四五年の十一月、十二月、小学五年生の私は父親と一緒に毎日、新橋の闇市に物売りに通っていた。加藤のこの一文はまさしく当時私が見たもの、感じたことと一致する。私もまた加藤と同じく「戦後の虚脱状態」などという文句を信じない。戦後は活気にあふれ、あらゆる方向での創造力に富んでいたのである。

初めて原爆を語る

第四に、『続　羊の歌』は、広島体験が初めて語られているという点で見逃せない。広島の惨状についてはすでに多くのことが語られていた。『続　羊の歌』がそれに付け加えたものは何もない。そこに語られているのは何よりも広島市民と自分との距離であり、原爆の惨劇の経験の理解の不可能、表現の不可能であり、患者を前にしたときの自己限定（実験室の仕事に専心）である。そこに見られるのは〈観察する人〉の姿勢である。

と同時にそこには重大な告白がなされている。そうであるがゆえに、原爆投下ということについて何も考えなかった、核兵器について何も考えなかった、と。しかも三度も書かれている。いま私は「そうであるがゆえに」という箇所に傍点を振ったが、それは、加藤の心の動きを説明しようとすると、そう考えざるを得ないからである。ただ、一般には理解し難い説明であろう。じっさい、にもかかわらず原爆投下について考え、核兵器について考えた人は少なくないのだから。「何も考えなかった」のではなく、何かを考えたにもかかわらず「何も語りたくなかった」のではないか。「何も語らぬことに決めた」のではないか。

戦後、若き知識人として発言の場がいくつもあったはずなのに、原爆の被害者にもっとも早く接していたにもかかわらず、彼は広島について、核爆弾について語らなかった。なぜか。加藤の説明を鵜呑みにせずに、もう一度なぜかを問うてみよう。

たしかに彼は資質的に観察者である。ここでは職業的にも観察者である。しかし医者として観察者であらねばならぬことと、知識人として原爆をどう考えるか、どう語るかは別のことである。観察者という資質、医者という職業的限定によるこの沈黙の説明は説得的でない。

ここからはまた私の想像だが、加藤は占領軍の将校たちとともに原爆症の調査団に加わったことにやましい思いがあったのではないか。医師加藤周一は原爆症の患者を診察し、治療の方法を模索する。しかしそれだけではないだろう。占領軍の「L中佐」は病理学的検査の仕事に没頭していたという。その検査は何を目的としていたのか。そもそもアメリカ軍がイニシアチヴをとったこの合同調査団なるものは何を目的としていたのか。それが純粋に医学的な研究を目的としていたと信ずるほど、加藤青年が単純だったとは考え難い。

加藤周一はこの合同調査団なるものがアメリカの国家目的、原爆の威力―効果を測定するものであるということを知っていた。ただそのとき、調査に協力することに疑問を覚えなかったのかもしれない。判断を停止していたのかもしれない。あるいは「調査」の内容を公表することを占領軍に禁止されていたのかもしれない。原爆投下について考えなかったというのはそういうことではないのか。

それはまた占領軍、そしてアメリカの評価にかかわる。当時の加藤は、一時期の共産党と同じく、占領軍は解放軍と考えていたふしがある。アメリカによる占領を全面的に肯定した文章を書いている（「亜米利加に学び理性をもとめるための方法叙説」一九四七年）。また、原爆投下は天皇制ファシズムを一刻も早く打倒するためのやむをえない手段だったとさえ、この時期には考えていたのかもしれない。だとすれば、一定の条件を課されながらも合同調査団に参加することにためらいはなかったかもしれない。「広島」の節は、次の実に奇妙な文章で結ばれている。「広島から帰ったときに、私は疲れていた。私はその後長い間広島を考えなかった」

本当だろうか。むしろ、心の動きについて語るのを封印したと考える方が自然ではないだろうか。たしかなことは、ある時期から広島について、原爆について、加藤が積極的に語り出したということである。その積極的な姿勢のうちに、かつての判断停止に対する悔恨のようなものがひそんでいないだろうか。

第三の〈全体化の試み〉

第五に、これが『羊の歌』についての私の評価ということになるが、この作品は『ある晴れた日に』『運命』に続く、第三の全体化の試みである。前二作においてはフィクションという形式の中に自己の戦争体験を、西欧体験を投入した。『羊の歌』の中では幼い頃からの自己形成にさかのぼり、家族、学校、文学、芸術、恋愛などの体験を含めて、今度は時代の社会と文化の中に位置づけながら、先の二つの体験を含めて一人称で語り直している。

小説においては想像の翼を自由に広げることができる。そしてその翼のもとで真実の領域を広げることができる。もちろん真実でない部分の領域も当然広げられている。自伝となると、約束上こういう自由が制限され、語り得る真実の領域は狭められる。しかし、自己と時代の風土との関係はより厳密に捉えることができる。小説をとおした自己の全体化には非反省的部分が入りこむが、自伝をとおした自己の全体化は反省的なものにならざるをえない。

自伝に大きな嘘はないか。おそらく小さな嘘はいくつもある。自伝を書いた者の口からは言いにくいが、故意の言い落としもあれば、無意識の言い落としもある。それは過去の有名な自伝(たとえばルソーの『告白録』)について一様に指摘されていることだ。

『羊の歌』の場合はどうか。たとえば「京都の女」について語るとき、筆者はとたんに寡黙になる。その女性と結婚をしたのかしなかったのか、読者は知ることができない。また、母親の死については語られていながら、父親の死についてはまったく触れられていない。いずれも故意の言い落としの部類に入り、この沈黙は何かを指し示している。

もう一つ、これは二〇一一年九月、鷲巣力氏がその講演の中で(そして著作『「加藤周一」という生き方』の中で)明らかにしたことだが、昭和十六年十二月八日の加藤の日記に、新橋演舞場に文楽を見に行ったという記述がないとのこと。もちろん日記にその記述がないからといってその事実がないということにはならない。しかしその夜の新橋演舞場の情景は、先に見たように、『羊の歌』の中にかなり具体的に描かれている。二階の観客席には他にひとりの客もいなかった、平土間には四、五人の男が離れ離れに坐っていた、と。古靫大夫《こうつぼだゆう》の所作はいま見てきたかのごとく描かれている。しかもこの夜の周一青年は「一つの様式にまで昇華させた世界」に、「肉体と化した文化」に明らかに心を揺り動かされている。だとしたら家に帰ってきて、この芸術体験を記さないわけがあろうか……。

このくだりは『羊の歌』を読み返すたびに私自身感動する箇所だけに、鷲巣氏の話に私は仰天した。どう受けとめたらよいのか。文楽を見に行ったのは別の日ということか。しかし、十二月八日の前後にもそうした記述はないという。だとするとその箇所の全体がフィクションということか、さもなければ何らかの理由から――たとえば忙しさから――日記を書き損じてしまったか、そのどちらかだ。

いずれにしてもこの箇所では、二人の〈私〉の間の距離がなくなって、書く〈私〉がきわめて雄弁になっていることは事実である。だとすると、整合性を求める全体化のエクリチュールが生み出した罠、として読むべき箇所なのだろうか。これは、加藤氏が少年時代から書きついでいたという厖大な日記全体と照らし合わせて読み解きたい箇所である。

4　一九六八年を問う――『言葉と戦車』

一九六八年の世界

『羊の歌』が刊行された一九六八年、世界は燃えていた。主役は若者である。世界の各地で若者が歴史の全面に出現していた。こういうことは戦後の世界にはそれまでになかった。〈ブラックパワー〉〈スチューデントパワー〉〈造反有理〉〈想像力が権力を取る〉〈異議申し立て〉、若く新しい力が、若く新しい言葉を作り出していた。老いた古い社会の枠組みと価値観を打ち破ろうとしていた。

この時代に加藤は三つの国の動きについて文章を書いている。アメリカ、チェコスロヴァキア、中国である。それぞれの国について語る距離、視角は少しずつ異なっている。

まず、主としてアメリカの〈ヒッピーズ〉について論じた「世なおし事はじめ」（一九六八年八月）がある。ヒッピーの生態については、自分自身半ばヒッピーであった小田実《まこと》の『何でも見てやろう』（一九六一年）の中で十分に伝えられている。その意味ではここに新鮮さはない。ヒッピーの特徴として挙げられている文化的自己中心主義の否定、美徳と崇高さの否定、自由競争や出世主義の否定、反科学主義といった点についてもすでに語られていたことだ。

ただ、新しいのは、ヒッピーの動きと世界の各地における学生運動とを「人間らしさを求める〈世なおし〉」という一点でなんとか結びつけようとしている視点だ。実際、日本のべ平連にはいわゆる〈大人たち〉と学生運動系の若者たちの他にヒッピーに近い若者たちが入り込んでいた。また六七年十月、べ平連は軍隊から脱走したアメリカ兵の亡命を支持し援助したが、これらの兵士たちは反戦兵士というよりは厭戦気分のヒッピーに近かった。

学生運動を語る

もう一つは急進的な学生運動のうちに〈冷たい戦争〉という神話、〈民主主義〉という神話の打ち壊し運動を見ていて、「戦後の希望」が新しい世代の中に蘇ったとしていることだ。また先進国での学生運動の直接の争点は多様であるが、共通点として「失うべき何ものももたぬ層からの反抗ではなく、自己の特権の放棄、他者の権利の拡大をもとめる抗議の運動」であるとしている。こうした見方はそれ自体で間違いとは言えない。しかし一般化を急ぐあまり何か大きなもの、こう言ってよければ文化革命の側面がすっぽり抜けているように思われる。とりわけフランスの〈五月革命〉についての言及が表面的である。

五月革命の核心は〈知〉のあり方、〈表現〉のあり方、〈生活〉のあり方、〈人間関係〉のあり方にたいする異議申し立てであったはずだ。そうであるからこそ、一九六八年五月は何一つ政治的変化を生み出しはしなかったが、それ以後、映画(ゴダール)、演劇(太陽劇団)、哲学(フーコー、ドゥルーズ、バディウ)、絵画(フロマンジェ)の分野での百花斉放が見られ、大学のあり方が一変し、毛沢東主義(マオイスト)の運動が影響力を持ち、日刊紙「リベラシオン」が誕生し、エコロジーの運動が生れ、フェミニズムの運動が生れ、妊娠中絶が合法化され、若者は女も男もそれまでのように初対面の相手を vous という距離をおいた二人称でなく、tu というざっくばらんな二人称で呼ぶようになったのである。一九八一年ミッテランが大統領に選ばれ社会党政権が成立した。ミッテラン自身は五月の精神からは遠い人物であるが、五月の運動がなかったらこの政権がなかったことも確実であろう。

これ以後しばらくの間、加藤がこの時期の学生運動について語ることはなくなる。六九年九月からベルリン自由大学の教授の職につくことになるが、授業をボイコットされたりして学生たちとの関係は決してよいものとは言えなかったようだ。『羊の歌』その後」(一九九七年)ではそのころのことを振り返って、急進的な学生たちとの軋轢について少しだけ語っている。

「私の話を聴いてくれる人に話すことを好むが、聴くことを望まぬ人と限られた時間を費すことを好まない。招かれれば留り、招かれざればその処に居ない。そこで私はベルリーンを離れる決心をしたのである」

七三年八月、加藤は大学を去った。

言葉による抵抗

ヒッピーと学生運動のうちに若干の希望を見た数ヶ月後に、加藤は「言葉と戦車」を書くことになる。

六八年八月二十日、ソ連軍はチェコスロヴァキアに侵入し、ほどなく全土を制圧した。どのような状況下にか。四十年以上も昔のこの事件を想起しておくのも無駄ではないだろう。

ソ連が軍事行動に出た最大の理由は、この年の一月にチェコ共産党の実権を改革派が握り、ドゥプチェクが第一書記に就任、〈自由化〉政策(言論の自由、国外旅行の自由)を押し進めたからである。チェコの言葉が国境を越えて、隣の東欧諸国に波及することをソ連が恐れた、ということを加藤はソ連による武力介入の大きな理由としてあげている。

五十万人というソ連軍の侵入に対してチェコはどう反応したか。政府は賢明にも軍隊に対して無抵抗を指示、国民には冷静さを訴えた。政府も民衆も言葉によって抵抗した。占領下のもと、秘密印刷、秘密放送を通して抗議の声が広がり、抗議の言葉が戦車を取り巻いた。建物から番地と名前が消え、道路の方向標識は抹殺、どの矢印もモスクワを指し示していた。占領軍が撒く宣伝ビラはすべて焼き払われたという。

加藤はこの状況をじつにうまく言葉で掬いとっている。

「一九六八年の夏、小雨に濡れたプラハの街頭に相対していたのは、圧倒的で無力な戦車と、無力で圧倒的な言葉であった」

だとするなら、こうした言葉による抵抗、加藤の言い方によれば「組織された自発性」がなぜ可能だったか、政府と民衆との対立がなぜなかったか、ということになる。加藤は二つの仮説を出す。一つは工業化されていた社会にスターリン主義(中央集権化とノルマ達成)を押しつけたことの限界から、システム自体の修正が必要だったこと。もう一つは、チェコ共産党内の理想主義である(ここには二千語宣言に代表されるチェコ知識人、たとえばハヴェル等の長く苦しい戦いを付け加える必要があるだろう)。

この文章の特徴はチェコの人々の抵抗にたいする共感があふれていることである。共感の理由は一つには、さきにあげた戦車に対する言葉の戦いという抵抗のあり方だ。またこの事件の直後にチェコを旅してチェコ人の話を聞いているということもあるだろう。しかしそれだけでなく、イデオロギーにもかかわっている。チェコの運動が向かう目標が民主主義的社会主義であると聞いて加藤は我が意をえたようだ。加藤はこの事件のあとでも社会主義の可能性に期待を抱き続けている。ただ、亡くなる四ヶ月前になされたインタヴューでは「プラハまでは私は社会主義に希望を持っていたわけですが」と語っている(「加藤周一・一九六八年を語る」、『私にとっての二〇世紀』岩波現代文庫、所収)。

ソ連社会主義をどう見たか

実を言えば加藤周一の政治思想はなかなか捉え難い。彼は個人主義者であり、民主主義者であり、右か左かと言えば左翼である。これははっきりしている。しかし共産主義者でないこともはっきりしている。かといってソ連社会主義を全面的に否定しているようでもない。その捉え難さは次の文章に表れている。事件がソ連にとって悲劇的であった、国際共産主義運動においてソ連が失うものは大きい、と述べたあとの一節である。

「ソ連にとって悲劇的なことは、また全世界の左翼にとっても悲劇的なことである。もちろん各国の共産党は、将来いよいよモスクワから独立の道を歩もうとするであろう」。この観察はそのとおりであり、一九八九年がその一つの結果である。しかしそのあとに来る次の一文はどうか。

「しかし、そのことは、国際的な世界の全体のなかで、ソ連が代表的な社会主義国であるという事実を変えない。われわれがどれほど遠く共産主義から離れていても、共産主義が代表的な左翼運動であることに変りはない。そして左翼運動を含まずに、民主主義の進展は考えられないから、左翼運動に対する重大な打撃は、少くとも間接に、民主主義の全体への打撃にならざるをえないだろう」

論理的なようで必ずしもそうでない。この論理を成り立たせているのは民主主義―左翼運動―共産主義―ソ連のつながりである。「―」は必ずしも「＝」ではないが、ここに決定的に欠けているのは、ソ連社会主義と民主主義とは「＝」どころか、いかなる「―」によってもつながりえない、むしろ真っ向から対立する、という視点、一九六八年にはまさしく少なからぬ〈左翼〉によって共有されていた視点、やがて多くの人々に共有される視点である。

中国の文化大革命

一九六八年はまた、中国の文化大革命が、革命派の側からみるなら大きく前進した年でもあった。〈プロレタリア文化大革命〉という文字が踊り出したのが一九六五年、毛沢東の「司令部を砲撃せよ」という指令が広まり、紅衛兵が街角に出現して運動が活発になり始めたのが一九六六年、次の年には上海をはじめとして各地に革命委員会が成立、そして、当初から〈ブルジョワ実権派〉として打倒の対象となっていた共産党副主席劉少奇《りゅうしょうき》の党籍が剥奪されたのが六八年十月である。

この時期、文化大革命には二つの側面があることが推定されていた。革命を革命するという永久革命という側面が一つ(党の官僚化の打破、知識人の下放)、ブルジョワ実権派の追放という権力闘争の側面がもう一つである。前者の思想的意義を重視するか、後者の権力闘争という政治に還元して考えるか、これによって文化大革命の評価は大きく異なっていた。思想的意義は認めるが、そのやり方(集団的制裁、自己批判の強要)に反対する者もいた。

加藤周一のアプローチは慎重そのものである。文化大革命について彼が最初に書いた文章は「文化大革命聞書」(一九六九年二—三月)で、ここでは直接に文革の評価には踏み込んでいない。中国社会主義の建設がその置かれた条件から、初期のソ連型(重工業生産、官僚組織の中央集権、低い生活水準)にも、非スターリン化以後のソ連型(消費材生産、物質的刺戟、テクノクラシー支配)にもなり得ないことを指摘する。二つの時期のソ連型社会主義を求心性から遠心性への移行とすると、中国革命の場合は求心的である(毛沢東崇拝)と同時に遠心的である(紅衛兵、革命委員会)必要があった、と。

ただ、伝統的に官僚制の国であった中国における官僚制打破の運動は特権階級への挑戦にとどまらず、伝統文化への挑戦であり、ここに〈革命〉の意味がある、文化大革命の「事の本質」はここにあるとして、どちらかと言えば、文化大革命への共感が感じられる。

中国訪問後に

文革の後期、加藤は中国を訪れ(一九七一年九―十月)三つの文章を書いている。旅行中に観察した事柄を具体的に記し、それをもとにして若干の推測をするに留めている。またその推測を前提にして、日本(人)の取るべき態度を示唆するに留めている。

たとえば「中国または反世界」では、第一に中国ではカネの使いでがないこと、男女の差異が極小化されていること、年齢の意識が希薄であること、都市が農村化していること、行動が集団的であること、公衆の道徳意識が高いこと、天下国家への関心が強いことなどが挙げられている。これらの特徴は当時中国を旅した人なら誰もが気がついたことだろう。加藤はそこから、ヨーロッパからも日本からも遠く、万事があべこべの世界、〈反世界〉という表現を引き出してくる。そして第二にこの遠い国、〈反世界〉と友好関係をむすぶにはどうしたらよいかと問うている。政府にたいしては中国政府を承認し、侵略の後始末をつけるべきことを説く。これはそれまでにも説いてきたことの繰り返しだが。第三に、安易な「中国同調主義」を避けようと主張している。これは言うまでもなく文革賛美派への批判であり、これが一番言いたかったことかもしれない。

さらに「中国・二つの顔」では人民戦争の用意をする中国と核兵器を開発する中国、知識人を農村に下放する中国と専門的知識を必要とする中国、地域社会の自立性を強調する中国と全国的統一を必要とする中国等々、二つの顔、さらにはその間にあり得る矛盾が描き出される。結論はこうだ。中国は当分の間その二つの顔を維持していくだろう。しかし長い目で見れば両者の「交渉、綜合の問題はさけ難くなるだろう」、あるいは新たな矛盾を生み出すだろう。

「中国または人民の兵営」では、北京で見学した防空壕の様子、山中で見学した石油化学コンビナート、町を走る軍用車の数、こういったことから、中国が一体となって「一朝有事」に備えており、国全体が兵営化している、と書いている。

一九六八年への問い

こうした加藤の中国論は、伝統文化への挑戦という見方をのぞけば、文化大革命の思想的、歴史的意義についてさして多くのことを語っていない。また権力闘争を分析してもいない(たとえばこの三つの文章には毛沢東の後継者としてすでに指名されていた林彪《りんぴょう》の名前も、劉少奇の名前も、鄧小平の名前も出てこない)。自分の見聞きしたものだけから小さな推論を出しているので、論としての面白さはない。ただ文化大革命を論じた当時の知識人が少なからず荒唐無稽な発言をしている中で、加藤は今日の観点から見てそれほど間違ったことを書いていないとは言える。権力闘争にふれるのは一九七九年の「中国再訪」においてであり、ここで初めて文化大革命の総括を試みている。

晩年、加藤はしばしば一九六八年とは何だったのか、という問いを自分に発している。また凡人会のメンバーとの討論ではこの問いを正面に据えて語っている(『テロリズムと日常性』青木書店、二〇〇二年)。しかし、それまでに書いたり語ったりしていること以上の思考をここに見ることはできない。最晩年に加藤はヒッピー、ブラックパワー、学生運動、反戦運動、反スターリン主義の運動、文化大革命、こういったものをひっくるめて、世界史の中での一九六八年を書きたかったようだが、残念ながらこれは形になることはなかった。

第六章　〈日本的なもの〉とは何か——〈精神の開国〉への問い

1　『日本文学史序説』を読む

文章の力

『日本文学史序説』は数ある加藤作品の中でも記念碑的な作品である。そもそも文学史を書くとは何という壮大な企てか。史家は書物の森の中を限りなく探査する。探査に探査を重ねても、しすぎるということはないだろう。しかしこうした知的努力を重ねてもそれだけでは文学史は読み得るものにはならない。実際、ほとんどの文学史は参考書に留まっている。必要なときにのぞいてみる本というわけだ。単なる参考書であることを超えて読み得る作品となるためには何が必要か。一にも二にも文章の力なのだ。加藤文学史はまさに読み得る文学史、通読に耐え得る文学史であり、読者は日本文学の知識を得ると同時に、文章を味わうことができるだろう。

〈方法序説〉として

冒頭に、「日本文学の特徴について」という、決して読みやすいとは言えない、しかし力のこもった文章が置かれている。序文のようでもあるが序文とは記されておらず、内容的にはむしろ結論と言える。ここで、何が特徴として挙げられているか。

第一に、西洋や中国とくらべた場合、文学が美術と共に文化全体の中で占める役割が大きいこと、したがって、文学史が思想と感受性の歴史を代表していること、抽象的であるよりは具体的、非体系的、感情的な言葉の秩序を築いていること、などである。

第二に、同じ言語による文学が持続的に発展していること、しかも表現形式、美的価値という二つの面において、新が旧に置き換えられることがなく、新が旧に付け加わっていくということ(足し算文化と言っておこうか)、したがって、歴史的一貫性があると同時に価値の多様性を生み出していることである。

第三に文学作品の表記の手段として日本語と中国語の二つの言語が長い間併用されてきたこと。その結果言わば相互浸透が生じ、漢文脈とその語彙が日本語文に影響を与える一方、日本語の影響を受けた漢文が生じたこと。さらに日本語自体の中に漢文の影響の強い文体と弱い文体とを生じさせ、表現力が拡大されたことである(なおこの第三点の特徴を記した文章の中には日本語の特徴が二点挙げられており、それ自体は重要な指摘だが叙述に混乱をもたらしただけでなく、日本語の性質と日本文学の性質を直接結びつけており、問題の残る箇所であろう)。

第四に社会的背景に関連しての三点の特徴。一つは作者も読者も都会人、題材も都会という都会の文学であること。二つ目はその都会において文学的階層が時代と共に移動していったこと、その結果、表現形式や素材が多様化したこと。民衆の文学の世界はその外にあること。二つ目に作家が所属集団にしっかり組み込まれ、その集団が外部に閉鎖的だったこと。他方、組み込まれない文学者による隠者の文学が成立し、やがて小集団の「文壇」へと通じていくこと。こうしたことの結果として文学の素材が限定され、作家は与えられた価値を前提として表現を洗練する方向に向かう傾向が強かったこと。

第五に世界観的背景について、次の文がくる。「日本人の世界観の歴史的な変遷は、多くの外来思想の浸透によってよりも、むしろ土着の世界観の執拗な持続と、そのために繰り返された外来の体系の「日本化」によって特徴づけられる」。ここでいう「外来思想」とは仏教、儒教、キリスト教、マルクス主義であり、その特徴は第一に抽象的、理論的、包括的であること、第二に超越的原理が存在し、普遍的な価値への志向があること。すなわち「土着の世界観」と対照的であること。

そこで土着的世界観とは何かということになる。それは本来ならば日本の文学を一つ一つ検討した結果、結論として引き出されるべきもので、日本文学史を書いた大きな目的もまたそれを探ることにあったはずだ(「あとがき」)。ところが、この冒頭の文章の中で、はやくも著者が「土着的世界観」と考えるものを提示している。すなわち「非超越的世界観」であって、その背景にあるのは祖先崇拝、シャーマニズム、アニミズム、多神教といったもの、その特徴が一つは外来思想とは対照的に、「具体的・実際的な思考への傾向」をもつこと、もう一つは「個別的なものの特殊性に注目する習慣」である、と。

ではこうした「土着的世界観」が外来の超越的世界観と出会った場合、何が起こるか。そのまま受け入れるか、拒むか、さもなければ受け入れながら変わっていくか。日本で起こったのは多くの場合、この第三のケースであり、その方向は一定している。これが日本文学の第五の特徴ということになる。すなわち抽象理論的側面の切り捨て、超越的原理の排除、彼岸的体系の此岸的再解釈だ。以下、三つのケースについてその具体的な例が幾つか挙げられている。そこでは、加藤周一一流の逆説がぴりっとした効果を発揮している。二つの文章を引いておこう。

「『万葉集』二〇巻は仏教が奈良時代の日本人の心にあたえた影響の資料ではない。その歌の大部分においては、仏教が何らの影響をあたえなかったということの資料」である(第二のケース)。「水墨画と「侘び」の茶に、禅が影響をあたえたのではなく、禅が水墨画と侘びの茶になったのである」(第三のケース)。

そこで次のことを注意しておく必要があるだろう。この第五の特徴とされている「外来の体系の「日本化」」は、一つの特徴としてあげられているというよりは、この日本文学史を書いた加藤周一の基本的視点を語っているということだ。言いかえれば、「私はこういう視点で日本の文学を読んでいきますよ(読んできましたよ)」ということをあらかじめ宣言しているのであり、冒頭のこの一文は日本文学史のための〈方法序説〉として受け取ることができる。

事実、この視点は奈良時代から現代にいたるまでの千ページを超える叙述にわたって一貫しており、この長大な本を読みといていくためのアリアドネの糸となっている。

加藤文学史の六つの特徴

それでは千数百年にわたるこの厖大な文学史がどのように展開されていくか。その流れを大きく摑み出しておこうと試みてみた。しかし新書の枠内でのこうした要約は不可能であることがわかり、これは断念した。それに、要約は私自身の勉強にはなっても、一般読者にとっては興味あることではないかもしれない。

そこで、川の流れを上空から俯瞰するように、対象から距離をおいて加藤文学史の特徴と思われるものをざっと拾い出すことにする。いやむしろ、こう言った方がいいかもしれない。私を含めて多くの読者は、加藤文学史で扱われている作品のごく一部しか読んでいないだろう。

そういう読者がこの文学史を読んで何を見いだすか。

第一に叙述の形式。どの時代についてもまず政治権力のあり方を概観し、ついで文化、文学の動きを概観し、最後にジャンル(詩と散文)別に個々の作家と作品に言及する。多くの場合、最後にまとめがなされ、土着的世界観との関係が明示される。

第二に社会の歴史の中への文学(者)の位置づけ。作品の内容、あるいはジャンルの盛衰は社会の歴史によって説明されている。また作者の出身階級(貴族、武士、町人、農民)、あるいは彼らの生活体験と、文学者とそのイデオロギーとの関連に照明があてられている。

たとえば国学の本居宣長についてはこうだ。

「没落した武家の次男は、武士でもなく、町人でもなく、自分自身を日本人として定義するほかはなかった」

以上二つの特徴が際立って発揮されている箇所を例にあげておこう。十三世紀、平安時代から鎌倉時代へと移行したこの時代は、先に記したように加藤周一がとりわけ注目する時代だが、それは次のように叙述されている。

十三世紀は武士が権力を握った時代である。旧秩序が崩れていくこの不安の時代に、末法思想が広まり、日本でただ一度、仏教の彼岸的、超越的な世界観が時代思潮の中心になった(「土着的世界観の持続に」楔が打ちこまれた)。法然の浄土宗、親鸞の浄土真宗は下級武士と上層農民に、日蓮宗は地方の大衆に支持を見いだした。他方旧仏教の中からは道元があらわれ、座禅によって絶対的な世界に到達しようとして武士階級に浸透した。十三世紀はこの意味で、文学史的には「仏教の宗教改革の時代」とされる。

それでは、体制の崩壊に対して、平安朝最後の文化人はどのように反応したか。第一に伝統的な価値の意識化（藤原定家の歌論、『新古今和歌集』）、第二に逃避の文学（西行の和歌、長明の『方丈記』）、第三に歴史意識の自覚化（慈円の『愚管抄』）、という三つの形によって。しかし慈円を別にすれば新興階級の武士も大衆もその視野になく、鎌倉仏教からも何の影響も受けていない。「彼らの仲間・貴族社会のために」書いたとされる。

作者と読者

十三世紀、文学が武士と大衆を視野に入れたのは、「語り物」（『平家物語』）と寺院における説法（『沙石集』）においてである。作者は貴族または僧侶、受け手は貴族階級の外に広がり、作者と読者が分離した文学へと移行する。『平家物語』には実際的で行動的な人物が登場し、その世界は、鎌倉仏教によって説得されなかった世俗的で実際的でしばしば感情的な大衆の世界に通じている。『沙石集』にも現世を超越する宗教性はなく、武士や百姓の「風俗や人情の機微」があり、聴衆の実際的・現実的な世界観を映し出している。

ここで加藤文学史の第三の特徴としてあげておきたいのは、いま述べた、作者と読者、語り手と受け手(聴衆)との関係に、著者がたえず注意を払っていることである。ここに、文学を読者の視点に立って考えたサルトルの『文学とは何か』からの影響を読み取っていいだろう。

たとえば、十三世紀におけるこの作者と読者との分離を指摘した後に、著者は次に来る室町の時代に、商業の発達と武士社会の上下関係の変動によって、文学の受け手が拡大したこと、またそのために「文学の生産者(または芸人)の専門化」が促進されたことを指摘する。この受け手の拡大と専門の芸術家の登場が「上層の文学」(『菟玖波《つくば》集』、『太平記』、能)と「下層の文学」(『犬筑波集』、『御伽《おとぎ》草子』、狂言)とを生み出す。文体と題材とが違い、前者の受け手は貴族および武士の支配層、後者の受け手は農民、商人、下級武士であった、と。また受け手から作り手への影響についてもたえず目を配っている。たとえば室町時代の連歌はその土着性(いま、ここにの日常性、部分の集まり)によって大衆化したが、逆に大衆の生活感情が作品に「反映」し、性的に露骨な、あるいは滑稽な句を生み出していくことになった、と。

第四に、第二、第三の特徴とも関連するが、文化の担い手がその時代の政治権力とどのような関係を持ってきたか、という視点を導入していること。たとえば著者は徳川初期の知識人、禅僧と儒者の態度を四つの型に分類している。

すなわち、武士権力に奉仕した「御用学者」(神仏習合を説いた天海《てんかい》、宋学の祖とされる藤原惺窩《せいか》、その弟子の林羅山《らざん》)、「内乱の時代を経験した武士」の代弁者(剣術の書を書いた沢庵《たくあん》、宮本武蔵)、大衆に呼びかけ、「仏法世法二にあらず」として「正直の道」を説いた鈴木正三《しょうさん》、世間を逃避した詩人たち(石川丈山ら)の四つである。

しかし例外として、法華経の僧、日奥《にちおう》に共感を示していることも忘れてはならない。日奥は、法華宗に反対する権力者の供養を拒否したために、家康によって対馬に流され、彼の一派は禁教となった。これは徳川時代最後の、「信仰の立場からの世俗的権威への挑戦」であった、と。これは知識人の〈異議申し立て〉への共感でなくしてなんであろう。

「転換期」による時代区分

第五の特徴に時代区分がある。「転換期」という大きな区分を四つ設け(九世紀、十三世紀、十六世紀、十九世紀)、それぞれの転換期の文学の特質を大きく摑み出している。

第一の転換期とされるのは、いやそれだけでなく日本の文化史を二分する転換期とされるのは、九世紀の平安時代である。この時代、あらゆる分野で大陸文化の〈日本化〉が進行し、独自の美意識が形成された。『古今集』に典型的にあらわれている「感覚の洗煉」と「時の流れに対する敏感」な感覚の美学は、平安の文化を超えて今日の日本人の美学に大きな影響を及ぼした、というのが著者の診断である。

第二の転換期とされるのが先に挙げた十三世紀、「仏教の宗教改革」の時代である。第三の転換期は十六世紀後半から十七世紀後半まで、戦国時代から徳川幕府の初期までの約百年。西洋からの影響(軍事技術、キリスト教、対外貿易)と文化の二重構造(武士文化と町人文化)の進行がこの時代の特質とされる。

第四の転換期とされるのは、「一八三〇年前後に生まれた日本人の一世代」が活躍した明治維新前後ということになろうか。それはエリート層が政治的になった時代であり、時代思潮の中心になったのは「分《ぶ》」を超えるというイデオロギーであった、と著者は考える。

「世代」概念の導入

時代区分に関連して重要なのは、日本独自の時代区分(たとえば元禄時代)だけでなく「世紀」という時代区分を優先させていることで、これによって外国の歴史、外国の文学史との比較がわかりやすくなっている。とくに第四の転換期においては西洋暦とともに「世代」の概念を導入していることが注目される。すなわち、一八三〇年の世代は吉田松陰、福沢諭吉、中江兆民、成島柳北《りゅうほく》によって代表される「政治的な知識人の世代」、一八六八年の世代(幸田露伴、尾崎紅葉、森鷗外、夏目漱石、田中正造、内村鑑三、自然主義の作家たち)は、「西洋文化との広汎で組織的な接触、伝統的な教養の深さ、および社会の全体に対する関心」によって特徴づけられる。そのあとにくる一八八五年の世代(谷崎潤一郎、志賀直哉、木下杢太郎、北原白秋、斎藤茂吉、萩原朔太郎)は、前世代が「明治国家の運命と自己の運命とをむすびつけて考えた」のに対し、「個人の感情生活や、美学や、日本語とその文化の伝統」に関心が向かい、政治には無関心だった。少数の例外が荒畑寒村であり、石川啄木である。一九一〇年の世代(野呂栄太郎、小林多喜二、宮本百合子、中野重治、芥川龍之介、川端康成、大佛次郎、宮沢賢治、中原中也、石川淳、小林秀雄)は大正デモクラシーの時代に二十歳前後、「マルクス主義との対決」と「西洋文化への強い志向」によって特徴づけられている。

十九世紀以降に加藤周一が「世代」の概念を導入したのは、日本を取り巻く内外の情勢の緊迫化が小刻みに変化し、この変化と作家の意識形成とが密接に関連していることを示す必要を感じたからであろう。そして文学史に世代論を最初に導入したチボーデの『フランス文学史』、またこれを部分的に踏襲したサルトルの『文学とは何か』からヒントを得ている。

作品評価の〈基準〉

最後に作品の評価についてはどのような特徴があるか。加藤は史家として客観的評価につとめてはいるが、当然のことながら好みがあり、個々の作品評価を見渡すと、いくつかの〈基準〉が浮かび上がってくる。

(1)一つの作品が文学の世界を拡大したか否か。かくして山上憶良は同時代の他の詩人にはない題材(妻子への愛着、老いの悲惨、貧窮)を詠《うた》い、菅原道真の漢詩集は仏教の宗教的側面を主題の一つとして「生涯の全体」を詠ったという点で、「抒情詩の世界を拡大」したとして評価される。また近松門左衛門の浄瑠璃作品は、時代物だけでなく町人の話を語った世話物によって、「人形劇に新しい地平線を開いた」とされる。

(2)人間の現実にどれだけ鋭い視線を投げているか。かくして『今昔物語』は「現にあるものを直視して描き切った」こと、さらには「やがて来るべきものさえも、見抜いていた」ことがその「偉大さ」の一因とされる。他方『源氏物語』が著者に深い感動を与えるのは「時の流れという日常的で同時に根本的な人間の条件」を啓示したからである。町人の性的快楽と金儲けの話を描いた井原西鶴は、「町人社会の基本的関心と、大衆の価値志向および行動の型を、現実に則して描き切った」点で評価される。

(3)先駆性、つまりは独創性。「かな書き」の散文によって身辺の雑事を物語った『土佐日記』(紀貫之)のうちには俳文と自然主義私小説の先駆が認められる。『竹取物語』の「緊密な構成」、『伊勢物語』の「心理的に微妙な状況の多様性」は『源氏物語』と『今昔物語』への道をひらいた。荻生徂徠の学問の評価もこの点にかかわる。富永仲基の思想史、本居宣長の「実証主義的な文献学」は徂徠の学問(歴史的接近、古文辞の学)に多くを負うている。

(4)合理主義的志向。たとえば徂徠と新井白石についてはこうだ。「二人の同時代人は、相互に相手を無視または敵視しながら、その一種の合理主義と事実を尊重する精神において、その明晰な文章とあらゆる「神秘化」に対する断乎として攻撃的な態度において、まさに自律的な人間の知的勇気において、共にはるかに時流を抜いていた」。同じ言葉で今日、加藤の像を描くことができるかもしれない。

(5)思想の革命性。阿弥陀の彼岸性を説き、「他力」による救いを説き、信仰の内面化を徹底させた法然(『選択《せんちゃく》本願念仏集』)、親鸞(『教行信証《きょうぎょうしんしょう》』)の評価はこれにかかわる。「専修《せんじゅ》念仏」を説いたために法然も親鸞も僧籍を奪われて流罪の刑を受けている。

(6)評価の軸とは別に、共感の軸があることも指摘しておきたい。時代のはぐれ者への共感、権力への異議申し立て人への共感である。前者の例としては、宮廷から身をひいて、「心にうつりゆくよしなし事」を記録した『徒然草』の吉田兼好、高位の身分に生まれながら放浪生活を送り、「独創的で孤独な詩的世界」を作りあげた『狂雲集』の一休宗純。また後者の例としては、先に述べた仏性院日奥、自然哲学を主張し、「徳川身分制社会の根本的な批判」をした安藤昌益などがあげられる。

「あとがき」から

以上が読者としての私がこの文学史の中に見いだす六つの特徴だが、作者自身は「あとがき」の中で次の三点を強調していることを付言しておく。

第一は、〈文学〉の概念を拡大していること。これは年来の加藤の考えであり、内容的には「宗教的または哲学的著作から農民一揆の檄文」を含み、形式的には「漢文」作品を含む。たとえばこの文学史の最初に取り上げられているテキストは、いわゆる「十七条の憲法」である。

第二は、「日本の土着世界観が外部からの思想的挑戦に対して各時代に反応してきた反応の系列」をもって文学史の中心に据えたこと。

第三は、明治維新によって、近代と近代以前とを大別する従来の文学史の習慣にしたがわぬこと。これは何をもって「史」とするかの視点にかかわり、土着文化対外来文化の衝突を重視する加藤が明治を断絶とは考えぬのは当然と言える。

加藤文学史はなぜ面白いのか?

『日本文学史序説』は、はじめに記したように、あれこれの文学作品自体を知らずとも、読んでいて面白い文学史である。面白さを言葉で説明をするのは野暮な作業だが、あえて何点か挙げてみる。

第一は比較の面白さ。思いもよらぬ固有名詞が突如近づけられる。たとえば『古事記』のもっとも感動的な部分は恋の話だ、特にカルノミコとカルノオホイラツメの同母兄妹の悲恋だ、と書いたあと、「その最後はほとんどヴァークナー Wagener の「愛の死」の管弦楽を想い出させるだろう。あるいは近松の道行きの三味線を」とくる。言うまでもなく、ヴァーグナーの管弦楽、近松の道行きものは加藤の愛してやまぬものだが、こうした西洋音楽との比較、後世の傑作との比較によって、『古事記』の世界はぐいと読者に近づけられるのだ。

また「東歌《あずまうた》」の一首にふれて、「垣の柳の枝先を摘みながら、恋人の来るのを待っていた農家の娘」は、「花弁をむしりながら庭先でファウストを待っていたマルガレーテ」と比較される。『竹取物語』における「空想的な物語の枠組と個々の情景の鋭く現実的な描写との際立った組合せ」を論じた箇所では、ポーやホフマンの名が持ち出されるといった具合だ。

他方、二者を比較しながらその類似と相違をびしりと決める切れのよい文章がある。たとえば、共に信仰を世俗的秩序の上においた日蓮と道元について。

「日蓮は当時の権力を憎悪したが、道元は軽蔑したのである。漁民の子が超越的信仰を武器として権力と戦いつづけていたとき、天皇の親戚の子は、そもそも衆愚を相手にしない習慣に従い、山中に退いて、その超越的な思想を知的に洗煉した」

あるいは外来思想を〈日本化〉した貝原益軒と伊藤仁斎との比較。

「益軒は博物学的自然学を中心として、宋学を非体系化し、仁斎はその倫理学説を中心として、朱子学を非形而上学化した」

あるいは元禄文化を代表する二人の散文家新井白石と井原西鶴を比較した次の文章。

「白石と西鶴は、一方が朱子学の、他方が町人と俳諧の語彙を駆使していたけれども、それぞれの世界の現実を理解しようと望む態度において、すなわち観察者としての資格において共通していた」

第二に、ちりばめられている数々の皮肉《イロニー》。たとえば宮廷歌人として公の歌をつくった山部赤人についてはこうだ。

「赤人の劃期的意義は、彼が最初の職業歌人であったということである。赤人は何も発明しないということを発明した。すなわち「月並」の開祖である。開祖が後世の職業歌人によって崇められ、有名になったことは、少しも怪しむに足りない」

宮廷歌人として注文に応じて公的な歌を作りながらも、個人の感情を私的な歌に託して傑作を残した柿本人麻呂との相違を論じた箇所である。

日本で、時代を超えて人気がある『忠臣蔵』についてはこうだ。

「問題は、その所属感のすばらしさ・魅力であって、団結した集団が追求する目標の下らなさではなかった。〔……〕「四十七士」の人気は、日本人が目的を問わずに団結し得る能力を備えているかぎり、無限につづくはずであろう」

「武士道」の書『葉隠《はがくれ》』についてはもっと痛烈である。

「『葉隠』こそは、偉大な時代錯誤の記念碑であった。それが時代錯誤であったのは、おそらくは決して人と戦うこともなく六〇歳まで生きることのできた人物が、誰も討死する必要のない時代に空想した討死の栄光だからであり、徳川体制が固定した主従関係を「下克上」の戦国時代に投影して作りあげた死の崇高化だからである。〔……〕『葉隠』は「犬死」を讃美したのである」

第三に、逆説的表現の面白さがある。とりわけ、not, but の文章構成は加藤の得意とするところだ。三つの例をあげる。

まず、仏教そのものが世俗化していた十四―十五世紀に、外来イデオロギーの「超越性」を前提とした「能」のような芸術が大衆のなかから出てきたことについて。

「大衆が仏教的であったのではない。大衆のなかから出てきて、知的上流階級と接することのできた芸術家だけが、仏教の世俗化の潮流のなかで、彼岸思想を人間化し、芸術化し、文学化することができたのである」

次に、徳川幕府の権威に対して一貫した批判をおこなった蘭学者渡辺崋山《かざん》について。

「崋山は蘭学者になったから幕政を批判したのではなく、幕政を批判していたから蘭学者になったのである」

最後に芭蕉の俳諧が日本人の美意識に大きな影響を与えたことについて。

「一般に日本人が自然を好んでいたから、芭蕉が自然の風物を詠ったのではなく、彼が自然の句を作ったから、日本人が自然を好むとみずから信じるようになったのである」（傍点引用者）

いま傍点を振った箇所は注意してよい。加藤はこの文学史において、『万葉集』に始まり、〈日本人の自然好き〉という説を一貫して認めていないのである。

2　日本美術史への試み――『日本　その心とかたち』

美術作品から見る日本文化

一九八〇年代の後半、加藤周一のエネルギーは日本の美術に向けられた。ＮＨＫでの十回の放送（一九八七、八八年）、これを受けた十巻にわたる『日本　その心とかたち』の出版である。後にその決定版がスタジオジブリからも出版される（二〇〇五年）。加藤としてはこの日本美術論をさらに補足して『日本美術史序説』にまとめたいという望みがあったようだが、ここですでに「史」に向かう試みは十分うかがい知ることができる。というのもこの本のねらいは明瞭だからだ。日本的なものとは何か、外来文化の日本化はどのようにしてなされたか、日本文化の特徴は何か、こういう問題設定に、縄文土器以来の美術作品の検討をとおして答えていくことである。いやむしろ再検討―再確認と言うべきかもしれない。なぜなら『著作集』で『芸術の精神史的考察』二巻を世に出し、『日本文学史序説』を書いている加藤周一はこうした問いをたえず反芻してきているからだ。

もっとも、それまでの仮説がそのまま確認されているわけではないようだ。たとえば「日本の美学」(一九六七年)で加藤は仏教美術から出発する道を避け、『源氏物語絵巻』を中心に論じている。そしてこの作品から、抽象的な空間分割と細部への関心という矛盾する二つの特徴をまず引き出し、ついでこの二つの特徴を綜合して調和を創り出すことのうちに日本美術の特徴を見ている。これにたいして『日本 その心とかたち』では仏教美術に多くのページがさかれ、『源氏物語絵巻』についてはごくわずかしか触れられていないのだ。

阿弥陀如来坐像を見る

スタジオジブリ版には日本美術の傑作百点近くの写真が収められており、作品に寄りそった解説がなされている。時間と空間とを自在に往き来する著者の知見が明快な文体で繰り広げられている。初めてこの本を手にしたとき、私はその幾つかの章に文字どおり没入した。

たとえば「末法と阿弥陀信仰」の章。平安時代、浄土教の教えと共に阿弥陀信仰が広がり、修行よりも念仏や観想に重きがおかれる。その絵画的表現が阿弥陀浄土図というわけだが、加藤は二つの作品を例にして、時代の移り行きを鮮やかに示してみせる。

一つは平等院鳳凰堂にある仏師定朝《じょうちょう》による「阿弥陀如来坐像」(十一世紀中葉)。そこには前代の如来像にみうけられる「たくましい量感」や「肉感性」はうかがえないが、「穏やかな面立ちにやさしげな眼をしている」。そこに加藤は藤原時代の仏像の「日常性の中での理想化」という特徴を見る。

もう一つの作品は、京都の禅林寺にある「山越《やまごえ》阿弥陀図」(十三世紀)。平安朝の末期、「末法の世」が語られ、地獄の恐怖が現実感をもって人びとに迫っていた。その中で地獄草子が出現する。そうなれば浄土観も変わらざるをえない。この世が地獄なら、浄土はこの世の日常性から遠く、その対極になければならない。阿弥陀の来迎は「過激な劇的な事件」でなければならない……。

といった文脈の中に位置づけられているこの絵を眺めると、たしかにこの阿弥陀は、遠く山のかなたに満月のように大きく浮かび上がり、やさしく慈悲深いまなざしを現世に投げかけているように見える。

美の革命家、千利休

「茶陶のゆがみ」から「美的革命」へと続く章も刺戟的である。ここではまず、中国と朝鮮から渡来した焼物の日本化が、形のゆがみと手触りの二点において捉えられている。長次郎の「赤楽茶碗」(十六世紀)は写真で見てもほとんど官能的なまでになまめかしいが、これを目に焼き付けたあと、次のような文章を味わってみよう。

「粘土を扱う陶工の指の動きは、茶碗の重みや表面の手触りとなって語りかける。茶碗を手の中で廻すと、指の感覚が作者の指の方へ近寄っていく。茶碗の形は、完成形であると同時に形成過程でもあり、視覚的であると同時に触覚的である。表面は不揃いで、ある部分は粗く、ある部分は滑らかであって、釉薬《ゆうやく》の発色もそれに準ずる。その手触り、色、光沢は、どの部分をとっても同じではなく、手の中で廻しながら見ると、ある持続を保ちつつ新しい予期せぬ表情が次々に開けるのである」

茶碗について語られた文章であるが、同時に著者の審美的体験が語られてもいるのだ。

桃山時代の焼物の美学は、宋代の焼物の美学とは根本的に異なっている、と著者は考える。ではこの時代の美学の原理とは何か。加藤が重視するのは千利休である。「二畳の茶室で楽焼の茶碗を扱う」のを茶の理想とした利休を美的価値の革命家とみなす。その理由は三点あげられている。

第一に、広さを価値とした桃山の価値観(秀吉の千畳敷の大広間、大坂城の天守閣)に対して、狭さ、小ささを主張したこと。第二に、茶室は脆い造りで、「反耐久性」を特徴としたこと（自然の力、環境の変化を受け入れる無常観）。第三に、豪華なもの（金碧襖絵《こんぺきふすまえ》）や珍しいもの（唐物《からもの》の茶碗）に対して簡素なもの（草庵《そうあん》）、地味なもの（荒壁）を対置して、そこに洗練された美を認めようとしたこと。

ではこうした価値の転換を、利休をとおして促したものは一体何なのか。その背景は何なのか。次々に問いが生じてくるはずであり、それが読む者の知的興奮を誘い出していくのだ。『日本文学史序説』の場合と同じく、ここでも二つの要因が説明体系として用いられている。時代と出身階級だ。内乱の時代と堺の町人層の出身であるということ。そこに利休の生涯と価値の根拠が求められる。この節の最後は次の文章で結ばれている。

「秀吉は利休を殺したが、利休の作り出した価値を殺すことはできなかった」

利休を重視したのは理由がないわけではない。加藤は、利休は「文化の原型を発見した」、「日本文化の文法」を意識化した、と考えるからである。すなわち、第一に此岸性（草庵の小世界）、第二に集団主義（四畳半または二畳の空間での少人数の集まり）、第三に感覚的世界（色、嗅い、音）、第四に部分主義（茶室、木立、敷石、緑の苔）、第五に現在主義（この瞬間に人生を託す美学）。こうした指摘は、日本美術に疎い読者にも容易に理解のいくものである。

注の面白さ

この本はどこから読んでも面白いのだが、読み落としてならないのは注である。これは抜群に面白い。本文について情報を補足しているだけではない。いきなり日本と西洋との大胆な比較が出てきたりする（平安・鎌倉時代の来迎図とイタリア・ルネッサンスの受胎告知図の比較）。またぴりっとした文明批評がある（茶の湯を茶道とするなど、日本ではやたらに「道」を使いたがる、これはどういうことか、と）。

重大な示唆もある。民俗宗教にたいする仏教とキリスト教の対応の違いを、「共存」と「組み入れ」の違いとして捉えている箇所。これは、イスラム教の場合を含めて一冊の本のテーマともなるだろう。たとえばヨーロッパの各地に点在する黒マリア像はキリスト教による民俗宗教の「組み入れ」の結果と解しうるかもしれない。また今日の西欧社会は、どちらかと言えばイスラム教徒を「組み入れ」ようとする社会と、「共存」の傾向にある社会とに分かれている。

3　体系化へ向かって――『日本文化における時間と空間』

〈体系〉の模索

ところで、日本の文学であれ美術であれ、その特徴をあげるとは、結局のところ帰納法的推論による。時代を超えて、ジャンルを超えて、作品の中から共通の要素を拾い出し、これを概念として定着させること、特徴をあげるとはこうした作業である。したがって、あげられた特徴の相互的関係は必ずしも明瞭でない。たとえば日本美術の特徴とされる感覚性と集団主義とはいかなる関係にあるのか。

加藤周一はもちろんこうしたことを意識していた。だからこそ『日本文学史序説』の冒頭の「日本文学の特徴について」の最後の箇所で「特徴相互の関連について」という項目を設け、五つの特徴をできるかぎり結びつけようとしている。

しかしこうした関連づけは特徴のすべてについておこなわれているわけではない。特徴のすべてを関連づけるには包括的な体系を立てる必要がある。日本文学史を書き日本美術史を書いたあとの加藤は、日本文化全体を統一して理解するためのこうした体系を立てることを志した。

「今」と「ここ」

その基軸として選んだのが「時間」と「空間」である。一九九〇年代以降、加藤はさまざまな場所で日本文化における時間または空間について講演をおこなっている。その一つである一九九六年の講演が『加藤周一講演集Ⅱ』に収められており、この段階でほぼ全体の図式ができあがっていたことがわかる。二〇〇七年、書き下ろしの書として出版された『日本文化における時間と空間』は、したがって、十年以上にわたる体系化の試みの仕上げと言える。

題名がいかめしいわりには読みやすい本だ。構成がきっちりしている。若干の繰り返しがあるが、叙述の仕方が安定している。すなわち、第一部においては、九六年の講演内容をほぼなぞり、日本文化には三つの時間（始めなく終わりない直線的な歴史的時間、始めなく終わりない循環する自然的時間、始めあり終わりある人生の時間）が共存し、どれもが「今」に生きる現在主義を表しているとする。

第二部においては、九六年の講演内容を若干修正しながら、日本文化における空間意識の特徴は、「ムラ人はムラに従って暮らす」という「ここ」主義であり、集団主義との関連を指摘する。さらに空間の秩序として三つの特徴（奥の概念、水平面の強調、「建増し」思想）をあげ、部分主義へと結びつけていく。

では「今」と「ここ」とはどういう関係にあるのか。これが第三部の主題である。その結論はこうだ。「今」とは「時間的部分主義」であり、「ここ」とは「空間的部分主義」である。言いかえれば、部分が全体に先行する心理的傾向の、時間における表現が「今」という現在主義であり、「空間的部分主義」が「ここ」主義、しいては共同体集団主義である。つまり「今」と「ここ」とは並存しているのでなく、「全体を分割して部分へ向うよりも、部分を積み重さねて全体に到るという同じ現象の両面」を表している、というのだ。かくして最終的に、日本文化の特徴は部分と全体の関係に転位されている。

このようにまとめてみると、言葉のやりくりのような印象を与えるかもしれない。もともと体系化とは、多少とも言葉―概念の整合化という側面がある。しかし、決してそれだけではない。一九八一年の講演、また九六年の講演と比較してみると、そこには視点の修正があり、視野の拡大がある。次にそれを、丸山真男との比較において考察する。

というのも、この間、加藤にとって丸山はたえず〈対話者〉であったと考えられるからだ。二人とも雑誌「世界」グループに属し、政治的立場は近く、何よりもお互いの仕事に敬意を払っている。とりわけ〈日本的なもの〉の探究に二人とも多くの歳月をかけている。しかし、探究の方法、視点、視野、結論はかなり違っている。ひょっとすると加藤には、丸山にたいする対抗意識があったかもしれない。少なくとも〈応答〉があったことは確実なのだ。対抗意識と書いたのは、テーゼを出したのはまず丸山だからである。

丸山真男との〈対話〉

丸山のいわゆる古層論が論文としてまとまった形で発表されたのは「歴史意識の「古層」」(一九七二年)であり、加藤が念頭においているのもこの論文である。そこで、この論文を、以下、手短に紹介する。

丸山の第一の素材は『古事記』と『日本書紀』の冒頭の箇所である。ここで使われている言葉を分析し、そこから「なる、なりゆく」「つぎ、つぎつぎ」「いきほひ」という三種の言葉遣い(これは「基底範疇」と命名されている)を拾いあげ、この言葉遣いが示す発想様式―思想様式のうちに、時代を超えて日本の歴史意識のうちにひびき続ける「持続低音」を聴きわける。そしてこれを「歴史意識の古層」と呼んだのである(以上の要約では重要な部分、特に第四のパート「関連と役割」の部分が抜け落ちてしまうのだが、加藤との比較の中でできるだけ補っていくこととする)。

さて、この丸山論文にたいして加藤はどう反応したか。丸山論文が収められた『歴史思想集』(『日本の思想6』筑摩書房)に別冊としてはさみ込まれた加藤―丸山の対談がある。対談の密度は濃く、しかも話はいろいろな方向に広がって主題を離れても興味はつきないが、いま両者が一致しているとは思われない点、また加藤が対談の中で触れていない点にあえて注目する。

たしかに加藤は全体として丸山論文を高く評価している。「基本的な持続低音」が今日まで変わらずに続いているという丸山の意見に「大賛成」の意を表している。またその内容、丸山が提出している「なる」の文化という仮説についても、これをそのまま受け入れている。しかし、丸山が「なる」「つぎつぎ」「いきほひ」という「基底範疇」を引き出してきた手続き、この論文に限って言えば、わずか三つの言葉の意味の吟味をとおして、そこに古代人の思考様式の現れを見るという手続きについては一言も触れていない。「なる」の解釈を、加藤が時間だけでなく空間についても考えていることにもズレがある。たとえば次の発言だ。

「〝なる〟のほうは、だから時間的には「いま」の世界になるし、空間的には「ここ」の世界、日常的現実の世界になるわけですね」

これに対して丸山は「ここ」の意識が日本の風土に関係している方に話を引っぱり、これを「なる」と結びつけてはいない。丸山は「なる」をあくまでも時間意識として捉えているのだ。

「空間」意識の有無

この対談がおこなわれたほぼ一年後から、加藤の『日本文学史序説』の連載が始まる。加藤は当然、丸山論文を意識している。意識した上で加藤なりの日本思想へのアプローチを試みている。その後の発言をも考慮に入れつつ、あらためて両者の違いと思われるものを三点あげる。

第一に、この論文に関するかぎり、丸山には「空間意識」の分析がない。これは丸山の対象が「歴史意識」であるから当然とも言えるが、そこから違いが生ずる。たとえば神代から人代までが流れ込むように叙述されている記紀の特徴のうちに丸山は「不断に成りゆく世界」という時間的推移を見るのだが、同じ箇所を論じて加藤は「高天の原は大和朝廷の延長であった」として、そこに天と地と海(地下)との空間的連続性が語られていると読む。天上と地上との間に断絶がない、だからこそ、神代が人代の系譜へ何らの区切りもなくそのまま続くと考えるのだ。

　加藤の場合、日本の土着的世界観についてもっとも強調するのはその「非超越性」である。後述のように加藤はこの「非超越性」という特徴を全体の体系の中にどう位置づけるかに苦慮するのだが、まずは「空間意識」の中に組み入れている。他方丸山の発想のうちに超越性―非超越性という対立軸の視点はないわけではないが、それ自体が強く押し出されてはいない。彼が好んで使うのは中国思想については「理」であり「規範主義的価値観」であり、「超越性」という言葉は避けているふしがある。これまた、空間の分析の有無と関係があるかもしれない。

異なる〈始源〉の解釈

　第二に、歴史主義、時間意識はどうか。「つぎつぎに」「なりゆく」「いきほひ」という丸山テーゼは加藤も認めている。ただ、『古事記』の冒頭の文章の読み方は丸山と異なっている。

　丸山は『古事記』本文の冒頭にある「天地初発之時」(「天地《あめつち》初めて発《ひら》けし時」)の「発」の字を天地が分離したという意ではなく、「出発」に近い意と解する。そこから、ここで語られているのは「「初発」のエネルギーを推進力として「世界」がいくたびも噴射され、一方向的に無限進行してゆく姿である」とする。はじめに「いきほひ」ありきで、「生成のエネルギー白体が原初点になっている」というのだ。

加藤は『序説』を書いたとき、丸山のこの説を知っている。しかし、丸山説にはまったく触れずに、記紀ともに「天地創造」から話が始まるとだけ書いている。また一九八一年の国際基督教大学での講演では、『古事記』の創世神話そのものに疑義を呈している。『古事記』は「外国の直接の影響のもとに書かれた」として、「日本土着の基本的な時間の見方とはあまり深く係わっていないでしょう」と述べている。九六年の講演でも同様の発言をしている。

さらに二〇〇七年の『日本文化における時間と空間』では、「天地初めて発けし時」を解釈して、神代記のこの冒頭の言葉のうちに「天地創造の神話」も、「時間の出発点」も見いだすことはできない、としている。そこから、「古代の日本文化が意識した歴史的時間は、始めなく終りない時間直線である」と、自説にもっていく。自分自身の『古事記』の見方を若干変えながらも、丸山における「発」の解釈、「いきほひ」始源説をここでも斥けているのだ。

「いま」をどう捉えるか

「いま」の理解の仕方にも違いがある。両者ともに、時間意識が「いま」に集約される、という結論においては一致している。丸山はこう書いている。

「こうして古層における歴史像の中核をなすのは過去でも未来でもなくて、「いま」にほかならない。われわれの歴史的オプティミズムは「いま」の尊重とワン・セットになっている」(ちなみに、丸山は「つぎつぎになるいきほひ」という歴史意識をオプティミズムと捉えている)。また、こうだ。「刻々の「いま」を中心とする同方向的な進行において世界をとらえる精神傾向」。加藤もこう書いている。「いま」の継起が時間であり、それぞれの「いま」が「時間の軸における現実の中心にある」。

ではこの「いま」の現在主義を歴史的にどう捉えるか、ここに二人の理解の違いが出てくる。

丸山は、論文の第四パート、「関連と役割」と題されたパートの最後の箇所で、「いま」を中心とする日本人の歴史意識が、実践的な生き方にどのような影響を及ぼしているのか、という問いを立てている。「歴史意識」から「倫理意識」に少しだけ踏み込んで書いているのだ。残念なことに丸山の「倫理意識」論は講義録に残されたのみで完成されることがなく終わっているのだが、ここで「いま」について注目すべき見解を示している。『万葉』についても『古今』についてもそこに現れる「いま」のうちに仏教の影響を見ているのだ。したがって、この「いま」は賀茂真淵や宣長の言うように「「おほらかな」現世肯定そのもの」ではない、と。「いま」の肯定は、「生の積極的価値の肯定ではなくて、不断に移ろいゆくものとしての現在の肯定」であり、その限りにおいて「肯定される現在はまさに「無常」であり、逆に無常としての「現在世」は無数の「いま」に細分化されながら享受される」と。

別の言葉で言えば、仏教の現世否定の論理(諸行無常)が、「なりゆくいきほひ」の歴史的オプティミズムとぶつかりあったところに、「いま」を享受するという日本人の現世主義を見るのだ。「生を享受しながら、生への執念がそれほど強くない、という両面性」もそこから説明されている。

加藤は丸山のこの説に与しない。『万葉集』のうちに仏教的無常観は入り込んでいないと考える。前に記したように、加藤にとって「いま」は土着的世界観そのものである。二〇〇六年の著書の中で徳川時代の「快楽主義」を論じたときにも、丸山のこの説を取り入れているとは思えない。仏教における「厭離穢土《おんりえど》」は快楽主義とは別の態度として論じられているのである。

方法の差異

第三に、日本思想の原型――古層を抽出するときの手続きの違いがある。先にあげた対談の中で日本思想の原型あるいは持続低音を抽出する方法について加藤はこう語っている。

「はっきり表現された主旋律が外国の原型とどう違うかということを分析すれば、その違いをつくり出した持続低音を推定することが出来る。こういう基本的な考え方は、日本歴史を思想的に捉えるとき、唯一の有効な捉え方ではないか、とさえ思っています」

これにたいして丸山は「持続低音はそのままでは独立の楽想にならない。主旋律のひびきを変容させる契機として重要なんですね」と語っている。つまり加藤にとって主旋律とは変容したあとの結果なのだが、丸山にとっては変容する以前の外国思想そのものなのだ。丸山のこの言葉の使い方は、その後も一貫している。両者ともに「引き算」の発想だが、「主旋律」についてのこの理解の小さなずれは、引き方の違いとして現れてくるかもしれない。

精神の開国は可能か

しかしそれ以上に重要な違いは、分析対象の違いであり、分析の視点の違いである。丸山の対象は中国の史書と日本の史書である。そして語義の解釈、とりわけ漢字の使い方、また漢文が和文に読みくだされていくときの意味のズレに注目する。そして引き出してきたのが「つぎつぎになりゆくいきほひ」という古層であった。他方、加藤は広く文学を素材とし、また美術作品も重要な素材である。言語作品だけに話をかぎっても、加藤が単語の語義を問題とすることは稀である。彼が目を留めるのは語順であり、時制であり、語り口であり、文章構成である。たとえば同じ『古事記』を論じても、本筋からの脱線や部分的挿話を詳しく語る傾向から、大陸文化から自由な大衆の「日本土着のものの考え方」を引き出してくるのである。

以上の比較から何を結論すべきだろうか。どちらがより説得的であるかは二人のテキストを読んだ読者それぞれの判断にゆだねたい。またどちらが正しいかとなると、これはもう私の浅い知見では判断をくだすことはできない。むしろ多くの思想史家の意見を伺いたい箇所である。

いまここで私が考えたいのはその先である。学問の先である。何故なら加藤にしても丸山にしても観察と分析に甘んじている文化主義者ではないはずだからである。二人とも戦争体験をふまえ、戦後の日本社会の変革あるいは日本人の精神の変革に心を砕いていたはずだからである。〈日本的なもの〉を解明しようとする出発点もそこにあったはずだからである。

言い換えれば、両者の根本にあるのは日本人における「精神の開国は可能か」という問いである。内から外へ、現在から未来へ、特殊から普遍へ向かう精神の開国は可能か、と。加藤の場合、外国の大学において日本文学、日本思想の講義をする機会を与えられたことによって、この問いが一連の探求の赤い糸となっていった。

その結論はどうか。丸山はさておいて、加藤は、可能であるとも可能でないとも言っていない。文化的決定論に与さぬかぎり、可能でないとは言えぬだろう。しかし土着思想の執拗な持続を検証してきたあとでは、可能であるとは容易に言えぬはずだ。観察する人、認識する人としては、たぶんこれが取り得る唯一の姿勢である。しかし、そこからもしも政治について発言をしようとするなら、もしも日本人の現在のあり方について反省を促し、日本社会の何らかの方向を示すとするなら、この姿勢に甘んずることはできないだろう。観察する人から政治に参加する人への道は加藤の場合どのように通じていたのか。

第七章　希望の灯をともす

1　「政治に近寄るべからず」――六〇年代まで

洋行の時代

長いあいだ私は、加藤周一は政治的アンガジュマンを避けている知識人だ、という印象を持っていた。観察はする、分析はする、提言はする。しかしそこまでで、一つの主張を実現させるために党派に加わる、党派を支持する、運動に加わるということはしない、と。

戦争直後にはたしかに政治的にも活発な発言をしている。軍国主義を、封建主義を、天皇制を擁護する者を罵倒し、「人民の中へ」と叫んでいた（第二章参照）。ただそれは、時代の風でもあり、戦争中の鬱屈した青春の怒りの爆発といったもので、どこかの党派やイデオロギーに立っての発言ではない。「革命」と書くことはあったが共産主義はもちろん、社会主義すら正面から標榜することはなかった。ただちに社会主義に向かうのか、それとも民主主義革命を終えた後に社会主義革命に向かうのか(二段階革命論)、戦後の左翼を二分したこの論争にも加藤は参加していない。考えとしては共産党の二段階革命論に近かったと考えられるが、その考えを文章には残していない。

やがて朝鮮戦争が始まり、日本の再軍備化が進行し、これにたいして反基地闘争(内灘《うちなだ》、砂川)が展開され、原水爆禁止運動が起ち上げられた。〈進歩的文化人〉の多くがなんらかの形でこうした運動にかかわった。たとえば清水幾太郎《いくたろう》は内灘の反基地闘争に率先して参加している。もっとも清水は「特二」(現在で言えばグリーン車)で内灘に通っている、と三好十郎に揶揄されてはいるのだが。

しかし加藤はこの時代、「西洋見物」をしていたこともあって、平和運動にはまったくかかわりを持たず、言及もしていない。ただ、社会主義への志向はフランス留学時にさらに強まったものと思われる。政権の座にあったイギリス労働党への関心がそれを物語っている。フランスの思想家シモーヌ・ヴェーユ、サルトルなどへの関心もこれと別物ではなかった。

『ウズベック・クロアチア・ケララ紀行』

一九五五年帰国後に加藤は、日本のアジア・アフリカ作家会議というグループに加入している。アジア・アフリカ作家会議は主として社会主義国と中立国の作家からなり、日本ではマルクス主義者の作家（野間宏）、より広くは左翼の作家（堀田善衛《よしえ》）が主導権を握っていた。加藤はこの作家集団の中で積極的な活動をおこなっている。五八年にタシケント（現ウズベキスタンの首都）で催された国際作家会議には、おそらくその語学力を買われてだろう、早くから現地入りして、国際準備委員会で日本の作家たちのスポークスマンの役割をはたしている。『ウズベック・クロアチア・ケララ紀行』（一九五九年）はそのときの旅のお土産である。

この本は、ウズベキスタンでの会議の後にユーゴスラヴィアとインドのケララ州とを訪れ、三つの型の社会主義（と加藤が考えるもの）を論じたものであり、紀行と題されているが、単なる旅行記ではない。あくまでも「社会主義」に焦点をしぼり、観察し、分析し、比較している。今日の観点からすると、その内容を紹介することにあまり意味があるとは思われないのでこれは省略する。ただ次の二点だけは記しておく。第一は、〈社会主義国〉を訪れてその長所だけを教えあげて「社会主義万歳」を唱えている他の類書とは区別されること。第二に、それぞれの国の短所を見定めながらも社会主義に希望を見いだそうとする姿勢が歴然としていること。民主主義の徹底化を欲しつつ、社会主義への希望を――あのハンガリーへのソ連軍の介入（一九五六年十―十一月）の後であるにもかかわらず――保持し続けていること、それが一九五〇年代末の加藤の政治的姿勢だった。

『政治と文学』

日本の政治について加藤が積極的に語り始めたのもこの頃からである。『政治と文学』(一九五八年)という単行本には次のような論文が収められている。「権力政治と社会正義」(一九五七年一月)、「曲り角にきた日本」(五七年九月)、「君よ知るや南の国」(五六年九月)、「風向きの変化と日本の現実主義」(五八年三月)。

これらの論文には次の特徴がある。まず世界の状態の変化を分析する。この当時の世界情勢の変化とは、米ソの冷たい戦争の緊張緩和、スターリンの死とフルシチョフの登場による東西の平和共存の動き、アジア・アフリカ諸国を中心とする中立国の拡大、それに伴う軍事侵略の脅威の減少、中国市場の開放の可能性である。ついで、そこから日本の政治の転換を求める。日本における米軍基地の存続理由は減少した、軍事力中心の国際関係観を改めよ、中国とは国交を結ぶべし、といったわかりやすい提言が繰り返しなされている。

ここで加藤が「現実主義」のカードを手放そうとしていないことに注目しておこう。一方では進歩的学者の理想主義を「超現実主義」として批判し、他方では自民党政権に近い学者たちのいわゆる現実主義を「疑似現実主義」として批判している。力点は後者に置かれてはいるが、理想主義にたいする批判は場合によっては加藤自身にはね返ってくるかもしれない。国際情勢の判断においては現実主義的な見方をしているにしても、そこから日本政治の転換を求めるとき、どうしても〈理想〉や〈希望〉が入り込んでくるからである。

六〇年安保闘争の中で

一九六〇年の安保条約改定についてはどうだったか。五九年四月号の「世界」には「中立と安保条約と中国承認」という文章を発表、軍備も軍事同盟も日本国民の生命の安全を保障するのに「何の役にもたつまい」とし、それだけでなく、安保条約が日中の国交回復を阻害する危険を指摘している。また同年やはり「世界」の十月号に発表された「政府の安保改定構想を批判する」という共同討議の文書には、清水幾太郎、都留重人、丸山真男、日高六郎らとともに名を連ねている。六〇年の「世界」二月号には「ふたたび安保改定について」という共同討議の文書が発表され、ここにも前のメンバーと並んで加藤の名前が見られる。この共同討議に加藤は参加したようだが、文書の作成に直接かかわったのかどうかという点については明らかでない。

当時大学院の学生で、六〇年に入ってからは頻繁に国会へのデモに参加した私の記憶――かなり偏っているかもしれぬ記憶――の中では、安保改定の反対運動の中で加藤が占めていた位置は存在しないも同然だった。運動をリードしていたのは〈進歩的文化人〉の中では清水幾太郎であり、丸山真男であり、日高六郎であり、他に吉本隆明がいた。あちこちでおこなわれていた集会や講演会にも加藤の名は見かけなかった。

不思議に思われるのは、六〇年の「世界」六月号から永井荷風論「物と人間と社会」を連載し始め、七月号にも第二回が載せられていることである。「世界」七月号が出たのは六月の前半であり、この号は「国民は承服しない」という特集を組んで、五月十九日の衆議院での強行採決を批判している。この強行採決に抗議して竹内好は都立大を、鶴見俊輔が東工大を辞職している。八月号は当然のことだが、抗議行動最中の東大生、樺《かんば》美智子の死を中心に記事が組まれた。「現在の政治状況――何を為すべきか」という座談会が丸山真男、坂本義和、日高六郎、藤田省三その他のメンバーでもたれている。この同じ号に加藤は荷風論の第三回を載せている。

もちろん荷風論を書いたからといって、安保改定運動に無関心だったとは言えない。そして、この本の中では取り上げなかったが、この荷風論自体は見事なものである。ただ、それこそ当時の〈進歩的文化人〉が目の色変えて飛びまわっているときに、そしてあの渡辺一夫でさえも少なくとも一度はデモの列に加わっているときに加藤がのんびりと荷風論を書くことにエネルギーを傾けた、傾けることができたということが私にはやはり不思議なのである。「政治に近寄るべからず」というあの青年期の呪文がよみがえってきた、ということか。あるいは何か別の顧慮がはたらいたということか。ほどなく加藤はカナダの大学に職を求めて日本を離れることになる。

ちなみに先述の「現代思想」の加藤周一特集号では小森陽一と成田龍一が中身の濃い討議をおこなっているが、ここで二人は安保後の加藤のこの海外〈亡命〉について？をつけている。小森によれば私的な場でその理由を尋ねたが加藤はついに語らなかったという。ただ二人とも日本の中で自分の主張を支えてくれる人々——政治勢力が現れなかったからではないか、と推論をしている。しかしどうだろう。大学の人事を常識的に考えればカナダ行きの決定（それ自体は不思議なことではない）は遅くとも春ごろにはなされていたのではないか。私は逆にこの決定が安保闘争期における加藤の行動—発言を心理的に縛っていたのではないかと考える。十月からカナダに行くということが決まっている以上、安保闘争にのめり込むことは無責任のそしりを免れぬかもしれぬ、と。だから荷風論を書いたと言うつもりはない。あくまでも推論のための材料として？を付けておく。

2　二十世紀の語り部として——核、九条、アメリカ

書く人から語る人へ

一九八〇年代の後半から二〇〇〇年代にかけて、加藤周一は書くことから語ることへと表現の場を少しずつ移動させていく。一つには大きな作品は書きつくしたという達成感があっただ

ろう。日本精神史の企ては残っていたが、これは新しい試みというよりも日本文学史と日本美術史とのいわば副産物であり、素材はすでにすべて手中にあった。もう一つには、加藤の「言葉」、肉声の言葉が時代によって求められていたということがあったかもしれない。加藤が「ある晴れた日の出来事」という講演(『戦後を語る』)の中で指摘するように、この時代、日本の保守化は政治のみならず文化のあらゆる領域において進行していた。その保守化にたいする防波堤として、時代が加藤周一を指名したと言うこともできる。いずれにせよ以後二十数年、晩年にいたるまで、加藤は数多くの講演を行い、対談を引き受け、インタヴューに応じている。書く人は語る人へと大きく変貌した。

ではそこで加藤は何を語っているか。テーマは文化(文学、美術)、社会、政治、国際情勢の各分野にまたがっている。ただ中心軸と言えるものははっきりしている。それは二十世紀とはいかなる世紀だったか、ということで、その中心におかれているのは戦争である。その歴史認識の上に立って、いま何を考えるべきか、どのようにして生きるべきかを聴衆に――その多くは若い人である――語りかけている。講演という形態から、しばしば同じことが語られているのはやむをえないことだ。また講演を文章化した場合によく見られる論理の飛躍ないしは簡略化もないわけではない。しかし、二十世紀とは何であったか、戦争とは何であったかを、自分の経験から出発して伝えようとする言葉には熱意、さらには使命感がこもっていて、説得的である。加藤がとりわけ伝えようとしたのは以下の点である。

戦争責任について

まず戦争責任である。戦後五十年を迎えようとしている一九九三年以降の講演では、繰り返しこのテーマを取り上げている。そして、若い世代が聴衆の場合には、戦後責任について次のような踏み込んだ発言をしている（『戦後を語る』）。

戦後に生まれた人間は、戦争について、戦争犯罪について直接の責任はない。これは自明のことだ。戦争中に小学生であった私は自分についてもそう思う。では、いかなる責任もないか。加藤はこう考える。

「戦争と戦争犯罪を生み出したところの諸々の条件の中で、社会的、文化的条件の一部は現在も存続している。その存続しているものに対しては責任がある」（「戦後世代の戦争責任」一九九三年）

加藤はこれを〈戦争文化〉と言うのだが、たしかに戦争文化は、今日の日本においても根強く存在している。その内容を加藤は、四点あげている。第一に「メディアを通じての政府の大衆操作《マニピュレイション》」に無抵抗であるということ。第二に大勢順応主義（この指摘は私を学生紛争の時期の私がいた大学の教授会の一場面に連れ戻す。意見を求められたある教授が「教授会のご意向に従います」と発言したときだ。ああ、こういう連中が戦争をあと押ししたのだ、と私は心の中でつぶやいていた)。第三に「鎖国心理」。加藤は人権ということを例にあげ、日本はまだ鎖国状態だと考えている。第四に差別。とりわけ「在留朝鮮人」にたいする差別。これまた人権の観念の欠如から説明される。

以上のことにさらに、言葉にたいする鈍感さを付け加えることもできる。たしかに「平和のための戦争」「自衛のための戦争」、こういう欺瞞的な言葉が通用しているかぎり戦争は終わらない。もう一つ付け加えるなら封建的上下関係。上の者の言うことを黙って受け入れるという〈命令文化〉がある。加藤はこういう言葉を使っていないが、命令文化に対して〈異議申し立て文化〉をこそ形成すべきであろう。戦争文化にたいする抵抗はそこからしか始まらないのではないか。

核についての講演

次に核の問題である。一九九五年、終戦五十年目の年に、加藤はヒロシマについて二つの講演をしている(『加藤周一講演集Ⅰ』)。これは、広島、長崎について加藤がなしたはじめての本格的発言である。なぜ戦後、加藤がヒロシマについて語らなかったのか、私の推論は先に記した。

二つの講演は一つは英語、一つは日本語の講演であるため重複している。第一に原爆直後の広島での見聞を語り、第二に原爆にたいする日本人の反応を語り、第三に何を考えるべきか、何ができるかを語っている。日本人の反応について、原爆投下を戦争の一部ではなく「超歴史的な事象」と受けとめたために、誰が落としたのか、なぜ落としたのかを考えず、そのため反米感情に通じていかなかった、という分析はそのとおりであろう。また八月十五日が日本人に「解放」と受けとめられたことも、原爆投下が反米感情を生み出さなかった大きな理由であるのはたしかである。そして、それはまた加藤自身の受けとめ方でもあったろう。そうでなければ、たとえ医者としてであれ、投下の一ヶ月後に、日米合同委員会に加わって広島で調査をするなどということはできなかったはずだ。

核の問題について何を考えるべきか、何をなすべきか、強力な提案をしているわけではない。核兵器をめぐって世界に「二重の不平等」(保有国と非保有国の間の不平等、保有国間の不平等)があることを指摘して、ここにキーポイントがある、「みんなで持とう」の上に向かう不平等の解消でなく、「みんなでやめよう」の下に向かう不平等の解消でなければならぬ、という提言で二つの講演は閉じられている。

世界と日本の現状診断

ほとんどの講演で加藤はその都度、いま私たちはどこにいるのか、何の問題をかかえているのか、という現状診断をおこなっている。講演のテーマによって力点は違っているが、そこでなされたきびしい診断は、二十年後の今日においてもほぼそのままあてはまる。以下、かけ足になるが、要点をみていくことにする。

まず世界の問題としてあげられているのは核兵器、核戦争の危機であり、環境破壊であり、貧困―南北格差である。ときにナショナリズム(パレスチナ問題)、ソ連の崩壊、社会主義の可能性といったことがここに付け加わる。南北格差への批判は九〇年代後半からはグローバリズム批判、アメリカの単独行動主義《ユニラテラリズム》批判へと引き継がれていく。

日本についてはどうか。国内の状況については、まずは保守化、それも「総保守化」にたいする憂いがもらされる(「戦後世代の戦争責任」)。労働組合の解体、マスメディアの批判力の弱まりの例があげられる。大学の教師は「ジャーナリズムの中でよくしゃべる」が批判力がない、また裁判所までが保守化している、と。そしてこうした保守化と、先に記した〈戦争文化〉の残存、復活は加藤の頭の中では明らかに結びつけて考えられている。たとえば一九九五年の「政界再編成」なるものは「翼賛議会」に等しいと批判するとき、彼が考えているのは言うまでもなく「集団主義」であり「大勢順応主義」である。

外国との関係で捉えられた日本についての診断も決して楽観的ではない。まず「対米従属」(政治、軍事、情報、言語)がある。これに伴うアジアでの孤立がある。経済的には「金もうけ主義」がある。そして文化的には集団主義によるコミュニケーション・ギャップがある（「〝国際化〟ということば」一九八七年、『加藤周一講演集Ⅰ』）。また日中関係を論じた講演（「戦争と戦後」一九九五年、『講演集Ⅰ』）では、日清戦争以降の日本の大陸膨張政策を説明した上で、日本軍による南京での大量の市民虐殺、生物兵器の人体実験という明確な犯罪の責任が問われていないことを問題としている。

ではこうした現状診断の上に立って、加藤はどのような処方を出しているのか。政府や国際社会への注文となると、その有効性は疑わしいが、これは知識人による発言の限界であって、それが悪いわけではない。たとえば中国との関係については、覇権主義や内政干渉をやめよとか、歴史の教科書を日本と中国、さらには韓国を含めて一緒に作ったらどうかという提言がされている。

若い人たちに対しては、皆が他に同調すべきという考え方をやめよ、迷いに迷った上で考え、そして行動する、自分の意見をなんらかの形で発表し、議論の場を設ける、小グループを作り他のグループと交流する、といったことをすすめている。いずれも集団主義の閉鎖性を打破するきっかけとなり得るからである。晩年の加藤が東京の凡人会や京都の白砂会などの小さなグループの勉強会や討論会、あるいはおしゃべりの場に好んで出て行ったのも加藤なりの小さな実践だったのだろう。山本唯人はその論文「東京大空襲のなかの加藤周一――「小さな空間」

の歴史のために」(「現代思想」加藤周一特集号)の中で戦争末期の東京大空襲の中での加藤の体験を重視し、「〈小さな空間〉において人は何ができるか」というテーマが加藤における根深い関心の一つだったと指摘している。

九条の会への参画

憲法については一九八九年にすでに「憲法は押しつけられたか」という講演(『戦後を語る』)があり、ここで、憲法は連合国軍総司令部が日本政府に押しつけたのであり、日本国民が押しつけられたのではない、日本国民の多くは歓迎したのだ、という議論を展開している。そこで紹介されている毎日新聞(一九四六年五月二十七日)によれば、戦争放棄に賛成しているのが国民の七〇%、象徴天皇制への賛成が八五%にのぼっている。日本国民を主体として考えるかぎり、これでは「押しつけ」議論は無効であろう。

二〇〇四年六月に加藤は「九条の会」の呼び掛け人に加わり、憲法擁護の姿勢を強めていく。二十世紀の語り部の中心には憲法九条の語り部がいた。この会の事務局をつとめ実質的に運動を支えていると思われる小森陽一は、二〇〇五年七月の有明コロシアムでの加藤の発言、「九条を支持する意志を持ちながら、その意志を明示する機会を持たなかった人口」という表現に注意を促している。それは世の人々の口数を意味し、「口伝えで運動にしていこうという運動の在り方を示している」と。事実、九条の会で加藤は語りに語った、と。

ただ驚くべきことに、戦争直後の一九四五年から四六年、人々が新憲法をめぐって大論争をしている時期に、加藤は何の発言も残していない。これはなぜなのか。新憲法にたいしてある種の留保があったということなのか。天皇制の廃止を熱烈に説いた立場からすればそれは十分あり得る。象徴天皇なるものは欺瞞でしかなかっただろう。新しく立ち上げた運動が〈憲法擁護の会〉でなく、〈九条の会〉とされたことと、それは関係があるのかないのかを含めて、当時彼がどう考えていたかは知りたいことの一つである。

この中で私が注目するのは「九条と日中韓」(二〇〇五年、『戦後を語る』)である。ここで加藤は三つの角度から九条改定問題を論じており、この議論は改定論者に対抗する有効な論拠となり得るからである。第一に、諸外国は改定をどう見るか。第二に、もし九条が存在しなかったら戦後の日本はどうなったか。第三に、日本への脅威が具体的にどの程度あるのか。

第一の答えは明らかで、九条改定は軍国日本の復活とみなされるであろう。なぜなら九条とは「二度と侵略をしません」という国際社会にたいする約束なのだから(これは、日高六郎も『私の憲法体験』の中で強調していることである)。第二の答えは、朝鮮戦争、ヴェトナム戦争、湾岸戦争に巻き込まれていたであろうということで、これもほぼ正しい推論である。第三については、確率としてきわめて低いという答えが出されており、私はこれにも同意する。日本の右翼勢力が、加藤の表現を借りれば「失われた敵を求めて」やっきとなって「脅威」を扇動するのは滑稽とさえ言える。

ただ九条問題について、加藤には一つ曖昧な点がある。それは「自衛のための戦争」をどう考えるか、という点である。一方で加藤は、「自衛のための軍隊は軍隊ではない」とする日本政府の公式見解を一笑し、さらに、すべての軍隊は自衛のためのものだと言う(「憲法は押しつけられたか」)。これはそのとおりだ。ではその「自衛のための軍隊」自体を否定するのか。

そのようにも読めるが、どうもそうではない。なぜなら「私たちの希望はどこにあるか」(二〇〇三年、『戦後を語る』)の講演の後の質疑応答で、「正義の戦争はありえないのか」という質問に対して、ある場合には認めると答えている。ある場合とは、一つは正当防衛の場合。もう一つは「人権の蹂躙があまりにも巨大で、残酷で、疑問の余地のないほど現実に目の前で進行している」場合。だとすれば、ナチスドイツへの戦争は正当化されるし、コソボへの北大西洋軍の介入も、イラク戦争も正当化されるかもしれない。それは憲法九条擁護と矛盾しないのか。九条を受け入れたとき、日本国民は侵略戦争のみならずあらゆる戦争を放棄したのではなかったか。少なくとも戦後数年間は九条はそのように解釈されてきたはずだ。だからこそ「戦争放棄」(侵略戦争放棄ではない)が憲法の重要な理念の一つとして唱えられてきたはずだ。

という私の理解からすると、加藤の言う「正義の戦争は認める」という発言は腑に落ちない。

加藤自身そのことを知っているがゆえに、歯切れの悪い発言となっている。

9・11に際して

二〇〇一年の九月十一日についてもっとも長く語っているのは凡人会での講演である(二〇〇二年、「テロリズムと日常性」)。第一に事件の背景について、第二にテレビの映像を見たときの感想、第三にアメリカの「正義の戦い」なるものについて語っている。

加藤の指摘で傾聴すべき点は、「同時多発テロ」なる言い方を「よくない」として斥けていることである。じっさい、これでは事件の性格がぼけてしまい、曖昧になる。私はこの日たまたまパリにいてテレビを見ていたが、アラブ圏からの歓喜の声が伝えられていたのが印象的だった。誰の目にもこれは「反米テロ」なのであり、こう言い切ったときに初めて「なぜ?」が問題となる。なぜ二十一世紀の冒頭に「反米テロ」が起きたのか。加藤はその背景をそれ以前の十年の世界史から説明する。ソ連の解体、冷戦構造の消滅、米ソの軍事的バランスの崩壊、そうなると「第三地域」(加藤はこの時期第三世界という言葉をことさらに避けている)の弱者の抵抗はテロしかなくなるのではないか、と。

この説明はおおむね納得がいくが、問題をアメリカ対「第三地域」という形に拡大している点に私はやや疑問を感じる。なぜなら黒いアフリカは「第三地域」に入るだろうが、ここに強い反米感情が存在するとは言えないからである。もっとも強い反米感情が存在するのはイスラム圏であり、それも貧しいイスラム圏である。西側の多くの論者は「文明の衝突」という見方を否定したがっており、加藤もまた、それは石油資本にからんだ面を隠蔽する「御用学者向けの概念」だとして一蹴している。しかし私はこれに同意しない。なぜならそこにはキリスト教文明対イスラム文明という側面と同時に、現代においては富者の文明対貧者の「文明の衝突」という側面があるからだ。いやむしろこう言うべきかもしれない。潜在的に常に存在する「文明の衝突」が、貧富の格差、武力の格差によって先鋭化されたときに「反米テロ」が噴出する、と。

　石油資本について言うなら、加藤の言うように、湾岸戦争とはまさに石油利権の争奪戦そのものだったし、アフガンへの介入も、この講演の時点ではまだ始まっていなかったが、次の年に始まるイラク戦争も、背後に「石油」があることはたしかである。そのような、金と物を飽かずに追求する文明にたいして、貧者が自己のアイデンティティを守ろうとするとき、残されるのは〈精神〉であり〈神〉であるところに問題の根源があり、解決困難な不幸があると私は考えている。

3　持続する志

二十八年に及んだ『山中人閒話』『夕陽妄語』

日本文学史、日本美術史、日本思想史という力技の仕事とは別に、これとすこしだけ並行する形で、「晩年のスタイル」と言い得る一群のエッセイがある。一九八〇年七月から、亡くなった年の二〇〇八年七月まで（ただし五月、六月は休み）、毎月一回朝日新聞に連載されたもので、一九八四年五月までは『山中人閒話《さんちゅうじんかんわ》』と題され、一ヶ月おいた七月から『夕陽妄語』と題されている。一回の量は四百字の原稿用紙にして約七枚強、それだけを見れば決して多いとは言えないが、これが二十八年間続けられたとなると、総計にしておよそ二千四百枚、大変な大作である。

量だけではない。当初、新聞で読み始めたときは、政治と文化にわたる一種の時評として私は面白く読んでいた。しかし、今回、全体を通読してみて、月一回の付き合いでは見えなかった精神の巨大な営みを感じ、この文字群に圧倒された。「晩年のスタイル」という言い方さえ不適当な気がする。そこにあるのは衰えをしらぬ好奇心であり、鋭敏な批判精神であり、何よりも持続する志である。そこには〈考える人〉加藤周一の全体像が刻み込まれている。

三百三十四回にわたるこの連載で加藤は何について語っているか。政治と文化にわたる時評といま書いたが、もうすこし細かく分類すると次のようになろうか。

国際情勢を語る

第一に、国際政治の動きについての観察と分析がある。一九八〇年代後半から世界は大きく動いた。ゴルバチョフの登場、ペレストロイカ、天安門事件、ベルリンの壁の崩壊、東欧諸国の独立と民主化、湾岸戦争、ソ連の解体、冷戦の終結、世界の一極化、中国の高度成長、コソヴォの空爆、9・11の反米テロ、イラク戦争。二十世紀最後の十五年と今世紀初頭にかけてのこうした世界の動きにたいして、加藤は常に鋭いコメントを加えてきた。今、読み返してあらためて驚くのだが、国際情勢の分析について明らかにこれは間違いだという文章はなく、将来の見通しについてもほぼ誤っていない。ゴルバチョフの失権とソ連の解体があのように早く進むとは予想していなかったようだが、それは加藤だけのことではなかった。

国際情勢の動きの中で、加藤が監視を怠らなかったのが核兵器の問題である。核拡散防止条約の不徹底と不平等について、「限定核戦争」の危険について、「核の傘」の無意味について、「舞台戦争」(核戦争の舞台を限定する)の危険について、東アジアを舞台とした核戦争の不吉な予想、中距離ミサイルの設置をめぐる米ソの駆け引き(ジュネーヴ会議)とヨーロッパの世論について、レーガンの「戦略防衛構想」と抑止力理論の矛盾について、レイキャビクでの米ソ会談決裂について、欧州の中距離核兵器の全廃交渉について。

九〇年代に入って冷戦が終結することにより米ソの核軍備競争も終結する。戦略兵器削減条約が結ばれる。核不拡散条約が結ばれる。空中での核実験と地下の核実験を禁ずる包括的核実験禁止条約への調印へ。世界は核軍縮に向かう。

しかし加藤は監視の目をゆるめない。とりわけ、核不拡散条約の「不平等原則」、すなわち、五大国による核兵器の独占の不平等、そして核保有国内部の不平等のうちに危険を予測する（「原爆五十年」一九九五年八月二十三日）。インドの核実験成功の報は加藤の危惧を裏書きした（一九九八年五月二十日）。

核拡散とその破滅的結果を避けるための解決の道ははっきり示されている。「抑止力」理論を捨てて、核兵器の廃絶に向かうことである。それがいかに机上の空論と言われようと、正論はこれ以外にないこともまた明らかであり、加藤はこの正論に固執する。

「右傾化」への警告

第二に、こうした国際情勢の動きを眺めながら、日本の保守化、右傾化、「新国家主義」について、そしてこれに伴うアジアでの孤立についての警告が、執拗と言えるほど繰り返し発せられている。ときにそれは「悪夢」として語られている。

軍事予算は「GNPの一％」という枠をはずす予算案、閣僚の靖国神社参拝、機密保護法案が何度も俎上に載せられる。いずれも一九八五年の「真夏の夜の（悪）夢」（九月二十日）として語られている。文部省による学校教科書の検閲、歴史の歪曲（とりわけ南京虐殺）についてはこうだ。

「一国の歴史の叙述を自慢話に還元しようとするのは、その国の文化の未熟さを示す」（一九八六年八月十五日）

一九九〇年代の課題としては、軍事と政治の面での「米国追随の清算」が求められる。冷戦終結後の日本外交の鈍さが問題とされる。湾岸戦争については「国際協力」なるものが、単なる米国追随だったという批判がなされる。

湾岸戦争以来の改憲論議にたいしては、正面から護憲の姿勢を打ち出している（「護憲の理由」一九九三年三月二十四日）。九三年の小選挙区制の導入については少数意見の抹殺につながる翼賛体制である、翼賛体制と大勢順応主義とは同じ事の二面である、としてこう書いている。

「みんなで渡れば怖くない？　しかしどこへ渡るかによっては何百万人が死ぬかもしれないのである」（「浦島所見」一九九三年九月二十二日）。二〇一二年末の日本社会、衆院選での維新の会の躍進にみられるポピュリズムとはまさしく翼賛体制と大勢順応主義、この二つの面を兼ね備えているのではないか。

右傾化に関して加藤がとりわけ憂えていたのは、アジアの中での日本の孤立である。この観点から「戦後五十年決議」(一九九五年六月二十一日)では、衆議院でなされた決議が侵略戦争を明言せず、謝罪せず、不戦を語らぬ「倫理的な惨事であり、政治的な愚行であった」と激しい言葉が連ねられている。またこれ以後も侵略戦争の過去を見つめようとしない「歴史意識」を繰り返し問題としている(二〇〇二年十月二十八日)。

一九九五年の出来事

一九九五年は沖縄の人にとっては忘れられない年であろう。アメリカ軍の三人の兵士が少女を暴行し、これに抗議する県民決起大会に八万五千人が集まった。また、太田昌秀知事は沖縄の軍用地の強制徴用への署名を拒否し、沖縄の意志を日本政府にはっきり示した。のみならず、長年にわたる基地周辺の住民の被害の実情の情報を公開した。私たちはこれによって初めて米軍兵士の犯罪がどれほど行われていたかを知ったのである(平均して二日に一回の犯罪)。

沖縄の基地問題は、安保条約をどうするか、に直結する。しかし加藤はここで「安保廃棄」を説いていない。それはなぜか。彼は「安保条約の枠組みの見直し」を説き、二つの条件を示している。一つは米国との友好的な関係の維持であり、もう一つは「アジア諸国民との信頼関係の構築」である(「沖縄から「失言」へ」一九九五年十一月二十二日)。この二つの条件が充たされないと、反米感情が巻き起こり、「自前の軍備」論が台頭する、と危惧するのだ。この論は加藤の「現実主義」を物語るものであるが、安保ただ乗り批判に論拠を与えていることも認めなくてはならぬだろう。

九五年はまた阪神淡路の大震災の年でもある。加藤は二つの重要な指摘をしている。一つは、「地震被害についての一人の責任者もあきらかにされていない」こと(一九九五年十二月十九日)。もう一つは「政府が国民の安全保障に敏感でなかった」こと(一九九七年二月十九日)。二〇一一年の三月十一日以後、これとまったく同じことを、いま私たちは繰り返して言わざるを得ないでいる。

一九九九年、「周辺事態」法案に関連して加藤はあらためて安保条約をどうするか、に触れている(「冷戦後の選択」一九九九年三月二十三日)。ここで、安保条約が冷戦のさなかに講和条約と抱き合わせで調印されたことを喚起し、新たに「日米友好条約」を結べと提唱している。対米協力か非協力かではなく、米国の二面性のうち、緊張増大(北風)ではなく緊張緩和(太陽)の面を選択すべきだと。

九五年に起きたオウム教団事件についてはほとんど触れてこなかったが、九九年初めて「オウム真理教遠聞」(一九九九年十一月十七日)という文章を書いている。ロバート・リフトンの

『世界を救うために破壊する』を読みつつ、加藤は、オウムの暴力が世界的に孤立した現象ではないことを紹介する。

ただ、オウムには科学技術者が少なからず参加していることに注意を促す。そしてナチのドイツと戦前の日本の「狂信的軍国主義」を思い出す。加藤の引用で私は初めて知ったが、「おそれおゝくも皇居の上を飛べば、神風が吹いて、米国の爆撃機も墜ちるだろう」と書いた新聞があったそうだ。今日の科学技術者が尊師の空中浮遊を信じても不思議はないわけだ。

科学技術の危うさ

問題はなぜか、である。加藤はまず技術のうちに内在的理由を求める。第一は、技術は手段を作り出すが、目的は定義しないこと。第二は、科学には知られていないことが沢山あり、先に進むために、非科学的な命題であっても受け入れる可能性があること。第三に専門化の深まりと共に、科学技術の作り出す環境が一般市民にとって理解不能になっていること。

ここであげられている第一点はそれまでにもよく指摘されていたことである。そしてこれは科学技術だけの問題ではない。学問研究全体がそうなりつつある。学問を離れても、会社など一般の組織の中での仕事全般がそうなりつつある。官僚制とはまさに価値観―目的を問わぬ組織とさえ定義される。サルトルの「知識人論」が問うたのもこのことだった。「実践的知識の人」が、〈手段人間〉、〈部分人間〉に化していることだった。

第三点については私自身思い当たることがある。原発である。原発に反対の気持ちを持ちながらも、原発技術の専門性の前に「理解の努力を放棄」して何も発言してこなかったからである。

加藤は今日の科学が抱える問題について科学技術内部の理由の他にもう一つ、社会的条件をあげている。高給、社会的地位、仕事の面白さといったことで、技術者はこれだけで目的のいかんを問わず突き進む、かつての原爆製造の場合も、今日の「戦略防衛構想」の場合も同じであるという。加藤がここで「軍産学体制」という言葉を出しているのは啓示的である。

原発、すなわち「政官産学」体制の産物について加藤は九〇年代に入って語り始める。「近うて遠きもの・遠くて近きもの」(一九九九年十月二十日)では、その例として核爆弾と原子力発電が挙げられている。力点はむろん両者の「近さ」におかれていて、原発政策の再検討の要が説かれている。

今世紀に入ってからはアメリカの「イラク征伐」への日本政府の協力姿勢に焦点があてられる。戦争が近づいた二〇〇三年二月中旬、米国に追随するな、戦争の中止を説得せよ、と説く。そして米軍によるイラク占領後に日本政府が自衛隊を派遣する方針を決定したときには、その合法性に疑義を呈し、「憲法九条の無理な解釈—海外派兵—九条改定—軍備増強—徴兵という日本史の新たな方向転換」に反対の意を表明している（二〇〇三年十二月十七日）。これは徴兵を除けば、まさしく二〇一三年、自民党が現実化しようとしている方向である。

「意志のオプチミズム」

国内政治に対する加藤の発言を支えている理念は決して複雑なものではない。なしくずしの軍拡をよしとせず、民主主義の後退を憂える、ということにつきる。同じ見解、同じ主張を繰り返しているということにもなるのだが、歳月を超え、対象を超え、読者に持続する志を発信してきたとも言える。

ただそこに一つ、私には不思議なことがある。それは加藤の希望、オプチミズムの側面である。加藤は性懲りもなく日本政府に何をすべきかを説く。たとえば非核三原則を守れと何度説いたことだろう。しかし、自分の書くことが大きな影響力を持つとはたぶん信じていない。ましてや自分の主張が政府によって受け入れられるとは思っていない。何をどう説いても日本の右傾化、軍国主義化は強まっていく、核廃絶は今後何十年も実現しないと考えていただろう。つまり認識という点では加藤はペシミストなのである。

にもかかわらず加藤はどこかに希望を見ようとする。ただしそこには揺れがある。たとえば米国が軍事力に頼る「覇道」ではなく、力の抑制に基づく「王道」をとることが「世界の安全のための希望」であるとするが、先行きはわからぬ、「わからぬことについては、楽観的になることも、悲観的になることもできないだろう」と書く(一九九二年四月二十日)。これは「懐疑主義者」の判断停止である。

しかし他方、日常生活のいまを生きることのうちに、ある種の幸福感を見る。世の中の動きを見ていると「悲観的にならぬことはむずかしい。もし私を悲観的でなくするものがあるとすれば、それは丘を降る静かな道と、春の午後の太陽だけであるのかもしれない」(一九九三年四月十九日)と書くときだ。アウシュヴィッツについて、ヒロシマについて、南京虐殺について語りながら、「しかしいかなる歴史的事件も破壊しつくさない日常生活の持続性というものがあり、そのなかにわずかな人間らしさの、愚かさと共にそれを超える精神の小さな輝く破片がある」(一九九五年三月二十二日)と書くときの加藤もそうである。

そしてまた、「政治」のなかにもわずかな希望を見ようとする。たとえば阪神淡路の大震災について小田実が発議した「市民・議員立法」案に賛同する議員が百人以上に及んだことに、「希望の徴し」を見る。

イタリア共産党の卓越した指導者であったグラムシは、かつて「知性のペシミズム、意志のオプチミズム」を語ったが、加藤にも似たような発想がある。晩年における「九条の会」への参加と講演活動は加藤なりの「意志のオプチミズム」だったのではないか。希望の灯をともすこと、灯をたやさないこと。加藤における知識人としての使命感とはこういうものではなかったか。そしてその使命感は〈認識の人〉のペシミズムを完全に押さえ込むことなく、きわどく共存していたように思われる。

〈読ませる〉言葉の数々

国際情勢、日本社会の動きという二つのテーマ以外に、加藤の晩年のエッセイには、テーマを越えて、言葉の味をしみじみと感じさせる文章がある。それを分類第三としておこう。歳を重ねるということは、多くの死者を見送るということである。『山中人閒話』と『夕陽妄語』には、友人の死を悼む文章が幾つか収められている。友人であるからには、個人的な思い出が沢山あるはずだ。しかし加藤のペンは決して個人的なエピソードには流れていかない。彼が語るのは誰についても、故人の志であり、姿勢であり、仕事の意味である。

たとえば「中村真一郎あれこれ」(一九九八年一月二十一日)。「中村は変わらなかった」の一行が、それだけで中村の人格と思想の立て方を喚起する。じっさい、二十世紀の日本に生きた知識人について、「変わらなかった」という一言は最大のオマージュと言っていいだろう。「常に売文を業として生計を立て、カネもなく、地位もなく、しかし世の中の何事をも批判する内心の自由を失わず、自ら娯しむところを娯しんで、生涯を送った」と続く。

「彼は何を娯しんだのか。古今東西の文学をである」。この一行は中村の文学者としての資質、ないしは仕事の方向性を説明する。古今東西の文学の伝統を意識した中村が二十世紀文学の前衛であろうとしたこと、また文学空間と現実の世界の「理想的な橋わたし」としての「サロン」あるいは知的共同体に強い関心を向けたことである（プルーストと『源氏物語』への関心、十八―十九世紀の日本の文人墨客の交わりへの関心）。

「かくして戦後日本文学の「前衛」は原則に従って生き、原則に従って書いた。それは尊敬に値することである」

加藤は他にも、野間宏についても、中野好夫についても、丸山真男についても、辻邦生についても、白井健三郎についてもこうした「別れの言葉」を書いているが、もっとも愛情がこもり、ペンの冴えが感じられるのは、この文章ではないかと思う。

もう一つ挙げる。「山本安英《やすえ》伝説」（一九九三年十一月十八日）だ。山本は木下順二作『夕鶴』のつうを千回以上演じたという。その山本について加藤は「山本さんの居る世界と、山本さんの居ない世界とは、私にとって同じではない」と書く。これは並々ならぬ共感の表現であろう。

山本の何に共感を覚え、評価するか。一つには、戦後の日本において、「いかにして舞台の日本語をつくりだすか」という課題に答えたことである。その中で、「伝統演劇との関係を創造的に樹立していった」ことである。もう一つは大正デモクラシーの時代から十五年戦争と軍国主義、そして戦後の逆コース、消費社会の時代に「社会と権力に対する一貫した態度」をとり続けたことである。彼女の舞台が、「戦後日本の新劇が「ことば」を獲得していった過程」であるとするなら、彼女の生涯は、「いかなる代償を支払っても、常に人間的感情に忠実に生きようとした人物」が、この大勢順応主義的な社会に生きていた証言であるとする。芸術家としての創造性と人間としての一貫性、つまりは持続する志、これが加藤にとっての共感、評価の目印ということになろうか。

言葉の食卓につらなる

そしてときに、読者は「加藤ワールド」と呼び得る言葉の世界に引き入れられる。たとえば「三星堆《さんせいたい》の青銅器」（一九九八年六月二十二日）という一文だ。

中国四川省の三星堆の出土品の展覧会についての感想を語っている。加藤がとりわけ注目するのは青銅の仮面群で、そこにどの文明からも独立した彫刻世界を発見する。そしてこう書く。

「その造形は、他に例がなく、彫刻史上の事件である。人は容易に新しい「形」を創らない。エジプトの眼は遠い地平線の彼方に向かっていた。ビザンティンの眼は見る人を凝視していた。北魏の菩薩の眼は、自己の内面を見つめるだろう。三星堆の青銅の面は、一体どこへ向かい、何を見つめていたのだろうか」

ここにあるのは単に古今東西にわたる美術品の比較ではない。森有正の言う感覚↓経験↓表現への運動である。そしておそらく「新しい形」に出会った作者の幸福感である。三星堆の青銅の仮面がいかなるものであるかを知らぬ読者も、しばしここに記された言葉を味わい直したくなるのである。そう、加藤周一を読むとは、時代と社会の問題を考えるレッスンの場に導かれるということだけでなく、日本語の味をじっくりと味わい直す言葉の食卓につらなることなのである。

あとがき

二〇〇八年十二月、加藤さんは八十九年の生涯を閉じた。以後しばらくの間、私は個人的な思い出を含め、さまざまな感慨の中を浮遊していた。そして加藤周一の生涯とは何だったのか、あの好奇心、あの情熱はどこからきているのか、六十年を超える言論活動の中で何が変わって何が変わらなかったのか、といった問いのまわりをぐるぐる廻っているうちに、もう一度加藤周一論を書いてみようという意欲と気力が湧いてきた。もう一度というのは、七〇年代の半ば過ぎに一度、「雑種文化論をめぐって――加藤周一を読むこと」という題で長い文章をすでに書いていたからだ。フランス文学者という看板を掲げることになってしまった自分、その自分のフランスとの付き合いを振り返り、先人たちの西欧体験と比較して、自分の位置を見定めておきたくなった時期のことである。

先人たちといっても何人もいる。明治以来、多くの知識人が西欧に学び、多少ともそれぞれの西欧体験を語っている。それまでに私が読んでいた作家の名を挙げるなら、福沢諭吉、森鷗外、夏目漱石、永井荷風、高村光太郎といったところだろうか。けれども彼らが生きた時代と私が生きている時代とはかなりの年月の距離がある。それに対して戦後にフランスに留学した森有正、加藤周一の場合は、私の留学時期と十二、三年の距離しかない。それならば確実に自分の小さな体験とも突き合わせることが可能だろう、そう考えたのである。

というわけで、まず森有正に、ついで加藤周一に、古い言い方を使えば、胸を借りた。前者が「西欧体験——森有正を読むこと」となり、先述の「雑種文化論をめぐって」と共に『戦後思想の模索』(みすず書房、一九八一年)の中に収められている。

以後三十年、加藤周一はある意味で遠く、ある意味で近い存在だった。遠い、というのは、『著作集』は揃えたものの、大作であるが故に『日本文学史序説』は刊行されたときに開くことをしなかったし、次々に発表される美術論もほとんど読んでいなかったからだ。近いというのは、新聞に連載された『山中人閒話』や『夕陽妄語』、その他折々のエッセイは愛読していたからである。一つの大きな事件が起きたときに、この人はどう考えているだろうと気になる人、そして同意するにせよ違和感を覚えるにせよ、確実に指標を与えてくれる人、それが同時代人としての加藤周一だった。

この本の意図を〈言葉人間〉の歩みの全体を辿ること、と書いたが、これは意図だけに終わった。せいぜいその素描といったところか。彼が残した沢山の詩についても、個々の作家論についても、文体論についても、翻訳論についても、映画論についても、この小著の中では語り得なかった。

ただ論をすすめて行く際に、私の頭の中には加藤周一を定義する言葉として常に二つの言葉があり、この言葉に導かれた。一つは〈知的アンガジュマン〉であり、もう一つは〈持続する志〉である。〈アンガジュマン〉と言うと我々の世代はすぐに政治的アンガジュマンを考えるのだが、加藤周一の場合、なんらかの共同行動を前提とする政治的アンガジュマンを語る事はふさわしくない。書斎の人として、彼は知識と言葉による——つまりはただ一人の責任による——現実参加を選んだ。その軌跡を少しでも明らかにできたとすれば幸いである。〈持続する志〉はその原点と終結点を結ぶ言葉としておのずから私のうちに住みついた。不合理と狂信への批判、反戦と民主主義への意志、権力や権威につながる栄誉(叙勲、芸術院)の拒否……。

こうした〈知的アンガジュマン〉と〈持続する志〉の核心にあるのは、言うまでもなく彼の戦争体験であり、二十世紀体験であり、二十世紀とは何かという問いである。本の題名には悩んだが、最終的に書店の提案を受けて副題を〈二十世紀を問う〉としたのはそのためである。

加藤周一の作品は、まず新聞か雑誌に発表され、ついで単行本としてまとめられ、最後に『著作集』または『セレクション』または『自選集』に収められる、といったケースが多い。

しかも重複して収められている作品も少なくないので、引用した際には原則として単行本の書名を記し、発表時期を重視した論文の場合はその題名と発表時期を記すに留めた（単行本収録時に題名が変更された場合は、単行本に拠る）。ただ、今日容易に見つけることのできない単行本、またそこに収められている作品については、『著作集』か『自選集』に依拠したことをお断りしておく。

この本を書くにあたっては、多くの方々の加藤周一論（とりわけ菅野昭正編『知の巨匠　加藤周一』（岩波書店、二〇一一年）、「現代思想」二〇〇九年七月臨時増刊「総特集　加藤周一」に収められているもの）からヒントを得ている。その幾つかは本文の中で引用させていただいた。

参考文献として特にあげておきたいのは鷲巣力氏の『加藤周一を読む』（岩波書店、二〇一一年）、『「加藤周一」という生き方』（筑摩書房、二〇一二年）の二点である。加藤周一の生涯と作品について多くの情報と示唆をこの二作から得ることができた。加藤さんが死の数ヶ月前にカトリックに入信したことは今日では知られている。ある意味では衝撃的な事実であり、これをどう考えるか、二〇一〇年九月に東京日仏会館で催された講演会で質問に答えて私も少しだけ考えを述べたが、この本では触れなかった。それは鷲巣氏の近著で情理をつくした説明がなされていて、何も付け加えることがないからである。

小久保実・中村完・矢野昌邦編の『加藤周一年譜』（インターネット公開）からも恩恵を受けた。

どの著作にも未収録の多くの作品を知ることができたのはこの年譜のおかげである。鷲巣氏とともに三人の方々に感謝の意を表したい。

出版にあたっては岩波書店の清水野亜さんと古川義子さんにお世話になった。特に古川さんには原稿の細部にいたるまで適切な助言をいただいた。校正の居郷英司さんには引用部分の誤りを細かくチェックしていただいた。三人の方々へのお礼の言葉を記しておきたい。

二〇一三年二月

海老坂　武

加藤周一略年譜

1974(55歳)　父，逝去．アメリカのイェール大学客員講師
1975(56歳)　『日本文学史序説』上，刊．上智大学教授に就任
1976(57歳)　『日本人とは何か』刊
1977(58歳)　『言葉と人間』，『日本人の死生観』(共著)刊
1978(59歳)　スイスのジュネーヴ大学客員教授．『加藤周一著作集』刊行開始
1979(60歳)　平凡社『大百科事典』編集長に就任
1980(61歳)　『日本文学史序説』下，刊．同書で大佛次郎賞受賞
1983(64歳)　イギリスのケンブリッジ大学，イタリアのヴェネツィア大学で客員教授．『山中人閒話』刊
1984(65歳)　『サルトル』，『日本文化のかくれた形』(木下順二他と共著)刊．「夕陽妄語」連載開始
1985(66歳)　フランス政府より芸術文化勲章シュヴァリエ受章
1986(67歳)　メキシコのコレヒオ・デ・メヒコ大学客員教授．『古典を読む　梁塵秘抄』刊
1987(68歳)　アメリカのプリンストン大学で講義．NHKにて『日本その心とかたち』放送(前半のみ，後半は翌年)，同名書刊
1988(69歳)　立命館大学客員教授，都立中央図書館館長に就任．
1989(70歳)　アメリカのカリフォルニア大学デーヴィス校で講義．『ある晴れた日の出来事』刊
1992(73歳)　ドイツのベルリン自由大学客員教授
1994(75歳)　朝日賞受賞．中国の北京大学で講義
1995(76歳)　NHK人間大学テキストとして『鷗外・茂吉・杢太郎』刊
1996(77歳)　『加藤周一講演集』刊行開始
1997(78歳)　アメリカのポモーナ大学客員教授
1998(79歳)　『翻訳と日本の近代』(丸山真男と共著)刊
1999(80歳)　『加藤周一セレクション』刊行開始
2000(81歳)　フランス政府よりレジオン・ドヌール勲章オフィシエ受章．『私にとっての20世紀』刊
2001(82歳)　中国の香港中文大学で講義
2002(83歳)　イタリア政府より勲章コンメンダトーレ受章
2004(85歳)　仏教大学客員教授．「九条の会」呼び掛け人に加わる．『高原好日』刊
2005(86歳)　『二〇世紀の自画像』刊
2007(88歳)　『日本文化における時間と空間』刊
2008(89歳)　胃がんの診断を受ける．8月19日，カトリックの洗礼を受ける．12月5日逝去

加藤周一略年譜

1919(0歳)	9月19日，東京に生まれる
1931(12歳)	東京府立第一中学校(現日比谷高校)に入学
1936(17歳)	第一高等学校理科乙類に入学
1940(21歳)	東京帝国大学医学部に入学．翌年，太平洋戦争開戦
1942(23歳)	中村真一郎，福永武彦らと「マチネ・ポエティク」結成
1943(24歳)	大学を繰り上げ卒業，附属病院医局に勤務
1945(26歳)	信州に疎開，上田で敗戦を迎える．日米「原子爆弾影響合同調査団」に加わり広島で調査に従事
1946(27歳)	「天皇制を論ず」「新しき星菫派に就いて」「焼跡の美学」等を発表，本格的に執筆活動を始める
1947(28歳)	最初の著書『1946・文学的考察』(中村真一郎，福永武彦と共著)刊．「IN EGOISTOS」発表
1948(29歳)	『現代フランス文学論I』刊
1949(30歳)	小説「ある晴れた日に」連載，翌年刊．母，逝去
1950(31歳)	『文学とは何か』刊
1951(32歳)	『抵抗の文学』『現代フランス文学論』，『海の沈黙・星への歩み』(共訳)刊．フランス政府留学生(医学)として渡仏
1952(33歳)	『抵抗の文化』刊
1955(36歳)	フランスより帰国，東京大学医学部附属病院に戻る．「日本文化の雑種性」発表．『ある旅行者の思想』刊
1956(37歳)	小説『運命』，『雑種文化』刊
1957(38歳)	「近代日本の文明史的位置」発表
1958(39歳)	第二回アジア・アフリカ作家会議準備委員会出席．医師を廃業．『政治と文学』『西洋讃美』刊
1959(40歳)	『現代ヨーロッパの精神』『ウズベック・クロアチア・ケララ紀行』刊．「戦争と知識人」発表
1960(41歳)	カナダのブリティッシュ・コロンビア大学准教授に就任
1965(46歳)	「日本文化の基本的構造」発表．小説集『三題噺』刊
1966(47歳)	「羊の歌」連載開始
1967(48歳)	『芸術論集』刊
1968(49歳)	『羊の歌』『続 羊の歌』刊．チェコを旅行中，ソ連のプラハ侵攻に遭遇
1969(50歳)	『言葉と戦車』『日本の内と外』刊．西ドイツのベルリン自由大学教授に就任
1971(52歳)	日中友好協会訪中団の一員としてはじめて中国へ．「日本文学史の方法論への試み」発表
1973(54歳)	「日本文学史序説」連載開始

海老坂 武

1934年東京都生まれ
東京大学文学部仏文科卒業，同大学院博士課程修了．一橋大学教授，関西学院大学教授を経て，現在は執筆に専念．
専攻―フランス現代文学・思想
著書―『パリ―ボナパルト街』(晶文社，ちくま文庫)
『戦後思想の模索』(みすず書房)
『シングル・ライフ』(中公文庫)
『〈戦後〉が若かった頃』
『かくも激しき希望の歳月―1966〜1972』
『祖国より一人の友を』(以上，岩波書店)
『サルトル―「人間」の思想の「可能性」』(岩波新書)
『戦後文学は生きている』(講談社現代新書)他
訳書―『黒い皮膚、白い仮面』(ファノン，共訳，みすず書房)
『文学とは何か』(サルトル，共訳，人文書院)他

加藤周一―二十世紀を問う　岩波新書(新赤版)1421

2013年4月19日　第1刷発行
2013年5月24日　第2刷発行

著　者　海老坂《えびさか》 武《たけし》

発行者　山口昭男

発行所　株式会社 岩波書店
〒101-8002 東京都千代田区一ツ橋2-5-5
案内 03-5210-4000　販売部 03-5210-4111
http://www.iwanami.co.jp/

新書編集部 03-5210-4054
http://www.iwanamishinsho.com/

印刷・三陽社　カバー・半七印刷　製本・中永製本

ISBN 978-4-00-431421-9　Printed in Japan

岩波新書新赤版一〇〇〇点に際して

ひとつの時代が終わったと言われて久しい。だが、その先にいかなる時代を展望するのか、私たちはその輪郭すら描きえていない。二〇世紀から持ち越した課題の多くは、未だ解決の緒を見つけることのできないままであり、二一世紀が新たに招きよせた問題も少なくない。グローバル資本主義の浸透、憎悪の連鎖、暴力の応酬――世界は混沌として深い不安の只中にある。

現代社会においては変化が常態となり、速さと新しさに絶対的な価値が与えられた。消費社会の深化と情報技術の革命は、種々の境界を無くし、人々の生活やコミュニケーションの様式を根底から変容させてきた。ライフスタイルは多様化し、一面では個人の生き方をそれぞれが選びとる時代が始まっている。同時に、新たな格差が生まれ、様々な次元での亀裂や分断が深まっている。社会や歴史に対する意識が揺らぎ、普遍的な理念に対する根本的な懐疑や、現実を変えることへの無力感がひそかに根を張りつつある。そして生きることに誰もが困難を覚える時代が到来している。

しかし、日常生活のそれぞれの場で、自由と民主主義を獲得し実践することを通じて、私たち自身がそうした閉塞を乗り超え、希望の時代の幕開けを告げてゆくことは不可能ではあるまい。そのために、いま求められていること――それは、個と個の間で開かれた対話を積み重ねながら、人間らしく生きることの条件について一人ひとりが粘り強く思考することではないか。その営みの糧となるものが、教養に外ならないと私たちは考える。歴史とは何か、よく生きるとはいかなることか、世界そして人間はどこへ向かうべきなのか――こうした根源的な問いとの格闘が、文化と知の厚みを作り出し、個人と社会を支える基盤としての教養となった。まさにそのような教養への道案内こそ、岩波新書が創刊以来、追求してきたことである。

岩波新書は、日中戦争下の一九三八年一一月に赤版として創刊された。創刊の辞は、道義の精神に則らない日本の行動を憂慮し、批判的精神と良心的行動の欠如を戒めつつ、現代人の現代的教養を刊行の目的とする、と謳っている。以後、青版、黄版、新赤版と装いを改めながら、合計二五〇〇点余りを世に問うてきた。そして、いままた新赤版が一〇〇〇点を迎えたのを機に、人間の理性と良心への信頼を再確認し、それに裏打ちされた文化を培っていく決意を込めて、新しい装丁のもとに再出発したいと思う。一冊一冊から吹き出す新風が一人でも多くの読者の許に届くこと、そして希望ある時代への想像力を豊かにかき立てることを切に願う。

（二〇〇六年四月）